JN028946

お金は夢が好き！

だから、夢がある人だけにお金は集まるんだよ。

これこそが、
『万有引力の夢と金の法則』であり、
お金持ちだけが知っている秘宝。
この本に出会った《あなた》は運がいい！
では、秘宝を紹介しよう。

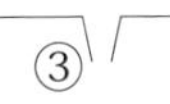

3つだけ『夢』を言ってごらん、すべて叶うから！
そう、アラジンの魔法使いのジーニーが目の前にいると思って、
《あなたの》叶えたい夢を言ってごらん！
何でもいいから。
言えば　すべて叶うんだから。

どうせ、夢が叶うなら、

ありえない夢がいいとボクは思うけれど、
《あなたの》人生だから、
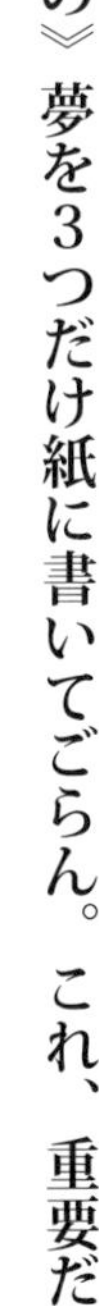
《あなたの》夢を3つだけ紙に書いてごらん。これ、重要だよ！

①

②

③

今をときめくドバイも、
世界のラスベガスも、
ニューヨークやパリも
ミラノもロンドンも。
そして、東京も。

たった1人の夢から始まり、
その夢に仲間が、お金が
集まって大都会となり、
今も形や姿を少しづつ変えながらも、
魅力的に進化している。

そう、すべては1人の夢が引力となり
仲間があつまり、そこに金も集まる。

まさに、夢と金も引力が発生する。

だからこそ、あなたも
ゲーム感覚で楽しく
夢を描いてみよう！

そのゲームはデッカいほど
多くの人が参加でき、結果
大きな金も集まるからだ。

この本をワクワクしながら読み進めてみて。
第5章には、17人の夢を形に変えた事例がある。
これを読んで、あなたに近いタイプを
探してマネしてみよう！

叶わない夢は
この世にはない！

〈目次〉

第4章 金持ちになる「マインドセット」

第5章　夢と金を引きつける「引力」を得た人たち ～中野博との出会い～

はじめに

「人類が最後にかかる病。それは【希望】である」。星の王子さまの著者、サン＝テグジュペリの言葉だ。**人間はどんなに絶望的状況に陥っても、最後には希望を求める**という解釈だ。

あなたは今、希望を持って生きているだろうか？　もし、希望という二文字が人生を彩っていないのなら、あなたには足りていないものが二つある。

それは、「**夢**」**と**「**金**」だ。

「夢と金」について、人に語れるほどの智慧と知識を持っている人は少ない。

戦後の学校教育では、「夢と金」に強い興味を持つ人が増えないよう、ＧＨＱが戦略的に教育を変えた。

そのおかげで、「お金の話ばかりをする人は卑しい人間だ」「夢ばかりを追う人間は現実を見ていない」などと、馬鹿げたことを言う知能指数が低い大人たちが急増した（私はこの浅はかな大人たちをドリームキラーと呼んでいる）。

断言しよう。アフターコロナ時代の今、これから成功する人間、活躍する人間は、いつだって「夢」と「金」を追い求める人間だ。**夢を描く人間には金が集まる。金を求める人間には夢が生まれる。このサイクルこそが人と社会に豊かさをもたらすようになる**（本書で最重要のテーマ）。

なぜなら、「夢と金」に真摯に向き合い、求め続ける人間にはある「特殊な力」が働くからだ。それが【引力】だ。

引力は「りんご」が落ちるだけの物質的な話ではない。夢を叶えるパーツや金を引き寄せる重要な装置になることを知っているだろうか？　引力をうまく使いこなせば、必ずあなたの元に「夢と金」は具現化されたものとしてやってくる。

「夢と金」は二律背反なものではない。どちらかが欠けても成り立たない、共存関係にあることを忘れてはいけない。

本書では、「夢と金」を掴む引力の使い方（活用方法）について、忖度（そんたく）なしのリアルな視点で話していく。

大事なことなので最初に話しておくが、**「夢と金」を引き寄せる引力を作動させるには、あなた自身のマインドを大きく変える必要がある。**

金とは何か？　夢とは何か？　夢と金を追い求めた先に何があるのか？　中には耳の痛くなる話もあるだろうが逃げずに聞いてほしい。必ず、あなたを良い方向に導くエッセンスになるはずだから。

「夢と金」が手に入れば大きな希望が生まれる。そして、人生に彩りと希望が宿る。**叶わない夢はない**。叶わないのは、あなたの心が夢に鍵をかけているからだ。

夢を持った人が減ったと叫ばれる現代だが、それは「夢と金」の正体を知らずに、勝手に心のブロックを積み重ねているにすぎない。

さあ、「夢と金」を掴む引力の使い方をマスターして、未来の形を大きく変えていこう。

I have a dream.（私には夢がある）

Dream come true（夢は叶う）

この本を読めば、

夢は叶い、

お金も引力で集まり始める！

夢を叶える引力者・中野 博（ジーニー）

第1章

99%の人が知らない「お金と夢の正体」

お金とは？漢字一文字で「信」

まずは、お金の正体について話そう。「お金とは何か？」。人によってそれぞれの答えがあるだろうが、私はある一文字に集約されると確信している。それは、【信】だ。そう、信じるの「信」である。

日本橋三越の正面玄関の上に、黄金に輝く像があるのを知っているだろうか？　ギリシャ神話に登場する商業の神様ヘルメス（マーキュリーとも呼ばれる）だ。ヘルメス像は左手にケーリュケイオンという杖を持って、両足首には翼がついている。ギリシャ神話によると、ヘルメスは自ら開発した琴を交換に出すことで牛を手に入れた。**交換という手段を用いて、欲しいものを手に入れたのだ。**

ここにお金の本質がある。「お金とは何か？」。物質的に見ればお金なんてただの紙切れに過ぎない。しかし、お金にはある重要な役割がある。それは、全ての人が認める**「交換ツール」**であるということ。

1万円には1万円の価値がある。5千円には5千円の価値がある。そう信じているから人はお金と何かを交換する。もし人がそれを信じられなかったら、お金というのは何の機能も持たない。

そして、私たちはお金と引き換えに商品やサービスを手に入れている。これは、交換のイメージが湧きやすいだろう。でもそれだけじゃない。人はいつも、誰かの持っているものと自分の持っているものを交換して過ごしていることを忘れてはいけない。

わかりやすい例で言うと、サラリーマン。仕事をして給料をもらう。これは、自分の持つ時間とお金を交換している。時間を会社に与えることで、お金を対価としてもらっているのだ。役職がついたり経営側になってくると、時間だけでなく自らの経験から得た知恵を交換材料として会社に提供する。それによってさらに多くのサラリーをもらうわけだ。

もし、あるサラリーマンがろくに仕事もせずにネットサーフィンをして時間を潰し、能力も会社に提供しなかったら、あなたが経営者だったら給料を払うだろうか？　何も交換する材料がないのだから、給料を払う気持ちなど皆無だろう。そして「信用」もなくす。

そう、**「信」をなくすと、人は交換材料を一気に失うことになる。**よって、お金を手にすることはできないのだ。この「信用」についてはかなり大事な話になるので、第2章で徹底して説明する。

賢明なあなたはもうお気づきかと思うが、**この交換材料が多くなればなる**

ほど、人は稼げるようになる。私の場合は、自らが持っている知識、経験をセミナーや講演を通じてお金と交換している。

お金の本質は**「信」**だ。交換材料を増やすことで多くのお金を手にできることを知っていたので、何年もかけて、材料を調達してきた。あなたはどうだろうか？　お金と交換できる材料をどのぐらい持っているだろうか？　そして、**信用をどのぐらい集められるだろうか？**　少し考えてみて欲しい。

1ドル紙幣に込められた思い

あなたは「1ドル紙幣」をじっくりと見たことはあるだろうか？　1ドル紙幣にはある重要なメッセージが隠されている。もし、手元にある人は今すぐ準備してほしい。全ての1ドル紙幣の裏面に「IN GOD WE TRUST」と書かれているのがわかるだろうか？　直訳すると「我々は神を信じる」という意味となるが、これは、1ドル札を通じて信じることの重要性を説いている。「信」がベースとなるお金（1ドル紙幣）に書くからこそ、意味があるのだ。

「IN GOD WE TRUST」

お金の価値感は15歳までに決まる

「汚いお金、綺麗なお金」。人はお金に対して偏った価値観を持っていることも多い。それは、育った環境でお金の価値観が形成されているからだ。**お金の価値観は15歳までで決まると言われている。**親がどうやってお金を使ってきたか？　どうお金の教育をしてきたか？　それによって子どものうちから価値観が決まってしまう。

お金のことばかり考えていては汚い、卑しい。そう教え込まれればお金を稼ぐことに興味がなくなる。悪い言い方になるが、**お金の勉強をしないのだから、一生搾取される側にまわる。**

では、大人になってから染みついたお金の価値観を変えることはできるのか？　答えはＹＥＳだ。人は1年あれば染みついた思考を除去できる。細胞は1年で入れ替わるからね。

それにはお金へのバイアス（思い込み）を外すことが重要だ。バイアスを外すには「教育」しかない。**お金の尊さとありがたさ、崇高さ。それらを教育として学び直すこと（リスキリング）、**これが何より大切である。

今の大人には学校教育でお金の授業はなかった。そのツケが今になって回ってきている。ほとんどの人が投資について詳しくない。「お金は貯めておくことが正解」だと間違った思い込みをして、たくさんのチャンスを逃している。まさに【機会損失】だ。

そういった人を少しでも少なくしようと、私は【お金の学校】を２０２０年に開講した。もしあなたが、お金に対して負のイメージやマイナスな思考を少しでも持っていたら、ぜひ「お金の学校」で学んでほしい。お金のイメージが根底から覆えるだろうから。

お金のことを考える、実践する
「お金の学校」／未来生活研究所
https://miraia.co.jp/okanenogakkou/

お金の使い方が下手な人のところにお金は集まらない

「お金に愛されるにはどうすればいいのか？」。実は簡単な方法がある。それはお金をばら撒くことだ。お金には「ある性質」がある。それはお金を流していているところにやってくるというもの。

投資家はなぜお金持ちなのか？　それは極論ではここに集約するのだが、お金を使っている人のところにしかお金は決してやってこない。あなたが毎月、コツコツとお金を銀行に預けて貯めているとしよう。そうなれば、所得の一部は毎月確かに貯まるが、複利で考えてそれ以上のお金は絶対にあなたの元にはやってこない。

私は、お金の学校でも受講生に何度も言っていることがある。それはお金の使い方だ。「お金を稼ぐ手段は何でもいい。けれども、**お金の使い方に気をつけろ。人としての器や人柄が出る」**と。

先ほども言ったが、お金の本質は「信」だ。「信」は人とのコミュニケーションにおいて必要不可欠なもの。**あなたはお金を人のために使っているだろうか？**　お金を人のために使うと、そこには**「信」が生まれる。**自分のためだけに使っていたり、貯金をしていては絶対に「信」は生まれない。信が生まれると、人の和ができる。そこにはお金が集まる。このサイクルをうまく利用しているのがお金持ち（富裕層）だ。

これを機会に、お金の使い方を今一度見直してみよう。**お金を人に使うことで、お金はあなたを好きになる。**

人に奢（おご）るとリターンがでかい

お金に愛されたければ、何をすべきか？　お金をばら撒けと言ったが、最も簡単な方法がある。これは後にお話しする信用の話にもつながるのだが、それは「人に奢る」ことだ。

最近あなたは誰かにご飯を奢りましたか？　プレゼントをしましたか？

私は、人に与えたものは複利計算で将来自分に返ってくることを知っているので、日々人に奢っている。ご飯であれ、ちょっとしたプレゼントであれ、人にあげている。

「中野さんはお金があるからそんなこと言えるんでしょ」というコメントが来そうだが、ここで重要なのは**お金がない時期にこそ奢ることが大切**だということ。私もお金がない時代（起業したての30代）から人に奢ってきた。

金額はさほど関係なく、10代だったら500円でも、20代なら1000円でもいい。40代ぐらいになると1万円ぐらいを奢るとレバレッジが効く。そして、奢ることを繰り返すとメリットが3つ生まれる。

一つ目は、お金を回す習慣が身につくこと。ケチって貯めてばかりいてはお金は回らない。先ほども話したように、**お金を回す人のところに、お金はやってくる。**

二つ目は、セルフイメージが高まること。人に奢った（与えた）という事実は、あなたを一段階高いステージに引き上げてくれる。ダナーという言葉を知っているだろうか？　漢字では「檀那」と書く。サンスクリット語なのだが、直訳すると「お布施」だ。投資家としては大事な要素の一つで、**お布施の精神無くしては、お金はやってこない。**

三つ目は、「信用」が高まること。「あの人は私に愛情をくれた」というイメージを持たせれば、相手からの信用は高まる。奢るという行為は一種の人助けだ。

人を助ければ助けた人からの信頼は貯まる。特に、**お金がない時期や若いうちから目上の人に奢るのは相当レバレッジが効く。**

歳上や立場が上の人が若い人から奢られると何としてでも恩義を返したいという気持ちが生まれる。それは、若い人にとっては大きなチャンスを与えてもらえるケースも多い。

私も20代の頃、お金がない時代、何度も歳上に奢ってきた。奢られた側は「え？　俺に奢るの？」と驚くが、「お前は将来出世するよ」と、当時一人暮らしで貧乏な私に、家具を買ってくれたり、取引先を紹介してくれたり、たくさんのリターンを得た。まさに海老で鯛を釣るかの如く。

もしあなたが20代とかなら、「いつもお世話になっているので・・・」と目上の人や立場が上の人に奢ってみてはいかがだろう。そこには大きな引力が働く。

与えなければ、何も手に入らない。まずは、与えよう。

お金の知識不足は情報弱者になる

現代においてお金に対する知識がない人は「圧倒的な情報弱者」になると断言する。いや、こう言い換えよう。お金の知識がない人はずっと搾取され続ける人間であると。

今、投資を積極的にしようという動きが社会背景にある。老後の2千万円問題を発端として、給料だけの収入だけじゃ将来不安だと感じる人も多いのだろう。そこで「投資」に目を向けるのはいいことだが、問題は知識が圧倒的に不足している状態で投資に挑むことだ。

お金の知識もない。投資のノウハウやマインドも知らない。投資歴40年の私からすると、これではほぼ投資は失敗する。プロの私でさえ知識のない領域の投資は絶対にしない。なぜなら、その領域のプロや詐欺師らの食い物にされるからだ。

投資が活発になってきて儲かるのはどこか？　考えたことはあるだろうか。それは仲介している証券会社や銀行など金融業だ。正直なところ証券会社は投資をしているあなたが儲かろうが儲からまいが、そんなことはどうだっていい。売りと買いをたくさんさせて、その都度、手数料をもらう。これが狙いだ。

私は投資歴40年のベテランなので、そんな頻繁な売り買いはしないし、証券会社も口出しをしてこないが、投資をはじめたばかりのアマチュアとなると話は別。知識がないことをいいことに、買わなくていいもの、売らなくていいものをどんどん証券マンに教え込まれ、口車にのせられて売買してしまう。こんな初心者がたくさんいる。

これは、**知識と投資家マインドがないからに尽きる。**知識やマインドがあれば、投資で搾取される側に回る可能性はグッと減る。私は、投資の初心者向けに、【投資家の幼稚園】という講座を年に数回やっているが、投資を始める際に絶対に学んでおいた方が良い知識やマインドをそこでは教えている。
もし、あなたが投資をこれから始めたいのならば、お金の情報弱者にならないよう、搾取される人間に回らないように、「投資家の幼稚園」で学んでほしい。

初心者のための投資講座
「投資家の幼稚園」／未来生活研究所
https://miraia.co.jp/tousikattry2023/

（ワークをしよう）
あなたは
いくらばら撒いた？

お金の基本知識を身につけたところで、簡単なワークをしてみよう。あなたはこれまで、いくら人にお金をばら撒いただろうか？　今、あなたが本書を読んでいる日から遡って、一年間で考えてみよう。覚えているものだけでもいい。与えたもの（奢ったもの）の金額まで書こう。

ばらまけ！
お金は人に与えよう

あなたはいくら「お金」をばら撒いた？

●本書を読んだ日付→　　　　　　　　　年　　　月　　　日

今日から一年間を遡（さかのぼ）って、お金を「どこに？（誰に？）いつ？どんな時に？」ばら撒いたかを書き出してみよう。覚えている限り、金額も記載してみよう。

日付	どこに？（誰に？）	どんな時に	金額

笑われる「夢」を見ろ

お金の話が続いたので次は「夢の話」をしよう。

「あなたには夢があるか？」

そう聞くと、大抵の人は思い悩む。なんとか頭を捻らせ思い浮かんでも、「でっかいマイホームを建てること」「将来はお金を貯めてベンツに乗ること」なんていう答えが返ってくることも少なくない。

いいかい、こんなのは夢でもなんでもない。ただの「願望」だ。夢と願望は違う。願望はあなた個人が達成したいだけのもので、時間と労力をかければ誰だって達成できる。

しかし、夢は「一人では達成できないもの」だ。**必ず、協力者や賛同者がいてこそ、夢は成り立つ。**

「あなたには夢はあるか？」こう私が塾生に聞いたとき、必ずワンポイントアドバイスをする。それは、あなたの身近な人がその夢を聞いたとき、笑われるぐらいのレベルで考えようというもの。

「それは無理でしょ」「何年かかるんだよ」「お金なきゃ無理っしょ」そんな言葉が相手から返ってきたら合格。あなたは夢をしっかりと描けています。なぜだかわかるだろうか？

夢は大きければ大きいほど、一人では達成しずらいと思われれば思われるほど、その夢に乗りたいという人が現れるからだ。そしてどんどんその輪が広がり夢は形になっていく。

小さい願望なんかは「あ、そう、頑張ってね」で終わってしまうが、夢というのは個人単位でなく、社会全体を変えてしまうもの。だからこそ、夢を叶えた世界を見たいという人が協力してくれるのだ。一人の欲を満たすのは夢ではない。**夢は多くの人の願望まで叶える**ものだ。

私は、これまで大きな夢を叶えてきた人をたくさん見てきた。彼らの共通点は、皆、協力者がいたこと。あなたは人が乗っかれるぐらいの大きな夢があるだろうか？　**大きな夢こそがお金を引き寄せる引力になる。**

抽象的な夢でいい。抽象度が高い夢だと周りがどんどん意見を言ってくれる。これが夢の大きさになる。

いいかい？　**元気な人、夢を与える人には光が集まる。**夢がある人は光合成をしてどんどん大きな存在になる。

夢が先にあって、その先にお金がある。夢を語ると欠けているピースが見えてくる。それが人なのか？　お金なのか？　あなたの夢に足りないピースを見つけていこう。

夢を叶えるには念(おも)い

「夢を叶えるには何が必要か?」。それは念(おも)いだ。「思い」ではなく、「念(おもい)」。実現したいこと、叶えたい夢を達成できる人間は、念(おも)いの気持ちを半端なく持っている。そして、熱く語ることのできる人間である。

投資家たちはこうした熱い心を持った人に惹かれる。

「この人なら何か面白い世界を見せてくれるんじゃないか?」

その夢に投資するのだ。

念いの強い人間は、抽象的な概念を具体化することに長けている。なぜなら、頭の中に「夢の完成図」が既に描かれているからだ。**念いの強さが夢の完成図を描き、その絵を投資家が買うのだ。**

第2章

お金持ちになりたければ「信用」を貯めよ

「信用の資産家」になれば人生が変わる

「夢と金」を手に入れたければ、【信用】を高めよ。私は塾生たちに口をすっぱくしてこう伝えている。なぜなら、信用残高を貯めることこそ夢と金を手に入れる一番の近道だからだ。

今、私は会社経営をするにおいて何を一番重視しているか？　売上、つまりお金だろうか？　いや、正確には違う。「信用」を手にするために毎日奮闘している。

あなたにとって、信頼できる人間とはどんな人間だろうか？

高学歴で、安定した企業に勤めていて、貯金もしっかりしていて、連絡はまめで、規則正しい生活をしていて、家庭も持っている人間だろうか？　おそらく、本書を読んでいる人の中でも、こうしたイメージを持っている人は少なくないだろう。

では、ここで再度問いたい。あなたにとっての信頼できる人間とは一体何なのか？ 10秒考えてみてほしい。

私は、信頼できる人間とは何かという問いに、明確な答えがある。それは、【行動し続けられる人間】だ。正直、中野博という人間は、一般的な尺度で見ると、信頼できる人間かといえばそうではないかもしれない。

思いつきで物事を言うし、言ったことを朝令暮改もする。転職も何度も繰り返しているし、安定した大企業に勤めているわけでもない。言いたいことをバンバン言う性格なので、中野を嫌いな人もいるだろう。

でも、そこらのサラリーマンよりは、絶対的に多くの信頼を得ていると自負している。なぜなら、中野は「行動し続けている人間」だからだ。

他人に何を言われようとも、足を粉砕骨折して怪我しようとも（2022年9月に大怪我をした）、YouTubeでBAN（アカウントの一時停止や動画削除）を18回されようとも、めげずに毎日、情報発信をしてきた。もちろん、YouTubeの収益がゼロになってしまった今日も継続している。

発言の内容がどうこうよりも、この継続し続けていることにこそ意味がある。

「圧力に屈せずに有益なことを言ってくれているのに感動しました」「大怪我をしているのに痛みに堪えて話してくれている姿に勇気づけられました」「毎日、楽しく見ています。頑張ってください」

こんなコメントをたくさんもらっている。ありがたい限りだ。**継続することで、中野博に対する「信用残高」が貯まってきているのだ。**

この「信用」を手にしたことで、中野の人生はまた大きく変わった。付き合う人も変わって、YouTubeを通じて大きな売上もできた。売上を増やすことを狙ったからお金がやってきたのではない。**信用を増やすことを狙ったから、引力が働き、お金がやってきたのだ。**

あなたも人生を変えたいとも思うのなら、信用残高をいかに増やすかを考えてみよう。ここから具体的に「信用の増やし方」をお話しする。

損得勘定は今すぐやめろ

「損か得か」。この指標で物事を判断していては信頼はいっこうにやってこない。「あ〜損をしたな」「これは得をしたな」「あの人だけずるい」などという発言を日頃よく聞くが、もしあなたがこれらの発言をしているとしたら、今すぐに捨ててほしい。

なぜなら、**損得勘定では「引力が働かない」**からだ。日本には古くから、「損して得とれ」という言葉がある。この名言の漢字を一字変えてみよう。「存して得とれ」つまり、**存在感を高めれば、やがてファンが増え、得になるという教えになる。**

そして、今度は、得を「徳」に変えてみよう。「損して徳とれ」。短期的には損をしているようだが、長期的に見ると、徳を積んでいる。投資で勝っている人は、この「損して徳とれ」ができている。

投資というのは、人を救う行為であり、徳を積む行為でもある。「存して徳とれ」にするとどうなるか。徳を積んで存在し、人格をなし、人から信頼を集めろという意味になる。損得で行動してしまうと、人は得となる要素がなくなったとき、人間関係は最も簡単に崩壊する。しかし、**「徳」があれば、何かを失っても、人はその人を信頼し続ける。今すぐに、損得勘定は捨て、存徳勘定をするようにしよう。**

成功の「回数」を重ねろ

信頼を築くには、あなたに「自信」がないといけない。ただ、この自信というのがやっかいだ。日本人はなぜか、自信を持っている人が少ない。その理由は、「大きな成功体験でしか自信はつかない」と勝手に思い込んでいるからだ。

「自信を持て」と親や友達や知人は言ってくるだろう。でも、その具体的な方法を教えてくれるだろうか？　言葉だけ無責任に言って、終わっていないだろうか？

実は、自信を持つには大きな成功体験は全く必要ない。大事なのは成功の回数なのだ。つまり、**小さな成功の積み重ねこそが、自信を作る。**

大きなプロジェクトを成功させる、大口の契約を取る、リーダーとして組織をまとめる。こんな大きな出来事なんて、年にそうそうありはしない。でも「今日はこの仕事をやり切る」「一日一善、人を手伝う」といった小さな成功体験ならどうだろう。誰でも実現可能なはずだ。この小さな成功体験を意識していれば、相当自信の持ち方は変わる。

私の事例でいうと、YouTubeだ。２０１９年11月にはじめて以来、一日もかかさずに、YouTubeで動画を上げている。一つの動画が大きくバズる成功体験はそう何度もない。だったら自信をつけるために、数で勝負と思ったのだ。おかげでもう3千本を超える動画をアップしてきた。毎回が「今日もやった」という達成感になり、小さな自信を積み重ねてきた。そしてこれは、後に話す信頼を生む「重要な無形資産」となる。

小さな行動の積み重ねが「大きな信頼」を生む

「夢と金」を手に入れるには、まずは信頼を築け。そのためには小さな自信を回数を重ねて身につけろというのが、ここまでのおさらい。そして実は、この小さな自信を積み重ねた実績こそが「大きな信頼」を生む。

前項でも質問したが、あなたにとって信頼のある人とはどんな人か？　ここまで読んでくれたあなたならば、それは「常に行動し続けた人間」だということがわかっただろう。

小さな自信を積み続けられる人は、行動し続けられる人間だ。大事なので繰り返すが、この積み重ねこそが大きな信頼を生む。

私は毎日YouTubeで動画を最低3つアップしている。登録者は15万人にもなった（2023年5月27日）。中には対して中身がないものもあるが（笑）、とにかくアップしている。これは、YouTubeから入る広告料を得たいからではない（既に収益は剥奪されているので入らない）。ひとえに「大きな信頼」を得たいからだ。

なぜ、15万人もの登録者を持つYouTuberになれたかというと、圧倒的な投稿回数の積み重ねによって人から信頼されたからだ。登録者というのは、その投稿者に期待を寄せ、「この人なら、自分にとって有益な情報をくれる」と信頼したときにはじめて登録をする。

私は、動画を毎日アップしながら、どうしたら視聴者により楽しく見てもらえるかをいつも工夫をしている。だからこそ「この人は明日も明後日も、私に素敵な情報をくれるんだろうな」と信頼してチャンネル登録するのだ。

一本の動画のバズりを目指し、手の込んだ動画を一ヶ月に一回の投稿だったら決して信頼は生まれない。月一回の投稿なんて投稿者の顔も忘れてしまうだろうし、動画がバズる保証もないのだからあまりにナンセンスだ。それに人は毎日の積み重ね（動画投稿）を見ると、**ザイアンスの法則で人は愛着を持つようになる。人は何度も見ている人に信頼を置くのだ。**

あなたも信頼を手にするために、何かを毎日やり続けてはどうだろうか。ブログを書く、ＳＮＳで発信する、YouTubeをやる。なんでもいい。それは、あなたの小さな自信を生み、大きな信頼を作り出すのだから。

会社の信頼に依存するな

あなたが会社員だとして会社の信頼にぶら下がって仕事をしているのならば、それは危険だ。なぜなら、会社を辞めた途端にあなたの信頼は一気になくなる恐れがあるからだ。

50歳を過ぎるとよくある話なのだが、「俺は、会社で部長だから独立してもやっていける」「これまでバリバリ営業をやってきたから、独立後も、稼げるに違いない」と豪語する人がいる。私の友人でもいる。「それはすごい」とその場では言うが、内心は、何言ってるんだろう？　と呆れていることも多い。

なぜなら、彼らは会社の信用を個人の信用と勘違いしているからだ。会社の看板にこそ信頼があって活躍できているのに、それを個人の力だと勘違いしているケースが目立つ。

私は、大企業でのサラリーマンも経験してきたが、大企業ほど仕事が楽なものはない。だって、名刺一枚見せれば、誰だって話を聞いてくれるし、ものやサービスも買ってくれるのだから。「御社の製品なら安心だからね」と。

でも独立したら話は違う。立ち上げたばかりの会社に実績も信頼もない。だから、会社を辞めた途端に、仕事ができたと言われる人間にもかかわらず、仕事がなくなるということが頻繁に起きるのだ。

あなたの周りにもそんな人はいないだろうか？　きっと一人や二人はいるはずだ。特に銀行や公務員など、そういった安定思考で勉強ばかりしてきた人間ほど、そうなるケースが多い。

最近、新卒採用でインフルエンサー採用をする会社が出てきた。ＳＮＳでどのぐらいのフォロワー数を持っているかで採用が決まるというもの。履歴書なんて一切いらない。必要なのはフォロワー数だけ。

そんな適当に決めていいの？　と思うかもしれない。でも私は大賛成だ。

そもそも履歴書一枚とわずかな時間だけの面接で、その人の一生に関わる就職を決めるなんていうのは馬鹿げていると思う。

ＳＮＳでのフォロワー数は、その人の地道な努力と工夫の結晶だ。そして、目に見える信頼の数だ。私もYouTubeをやっているのでよくわかるが、一人のフォロワーを手にするには時間も労力もかかる。

そして、**彼らは独自の力だけで信頼を手にしている。**会社の力など借りていない。だからこそ独立してもすぐに稼ぐことができる。お金持ちにインフルエンサーが多いのは、こういった理由がある。自分自身に影響力があるのだから。

会社依存の信頼は、お金持ちになりたいなら今すぐ捨てたほうがいい。**あなた個人の信頼を築く努力をしよう。**

貯金では信頼はたまらない

もしあなたが20代、30代なら、ズバリ言おう。**貯金は今すぐ辞めなさい。**なぜなら、貯金をしていては**信頼は絶対に貯まらない**からだ。これが真実だが、夢と金に縁がない人は貯金ばかりしている。

貯金をしないと将来が不安と思うかもしれないが、貯金をすると将来の可能性をドンドン潰してしまうことを肝に銘じてほしい。なぜなら、お金は回さなければ、つまり、使っていかなければ未来の財を生む体験はできないのだから。

20代、30代という絶好な時期は、**人より多くお金を使ってでも顧客体験を**せよと私は常々言っている。30代の社員も弊社(未来生活研究所)にいるが、「お金は顧客体験をするために使いなさい」とよく飲みながら話している。それは、顧客体験を重ねることで、お客からの信頼が生まれるからだ。

人は、不安になったとき、何かに頼ろうとするとき、圧倒的な実力がある人か、もしくは悩みの種となっている領域のことを体験した人に意見を聞く。その時、あなたがその対象に入っていなければ、その人（悩んでいる人）との接点もなくなる。そこに信頼など生まれやしない。

もっと顧客体験をして、様々なことに肌感覚で詳しくなったり、やってみたかったことにチャレンジするためにお金を使ってみよう。それだけであなたは人とのつながりも増し、話の幅も広がる。**経験しているからこそ、頼りになるし、信頼される。貯金だけをしていては、こうした信用残高はたまらない。**

信頼されるとセールスがうまくいく

セールスと聞くと、嫌な言葉だと思う人も多いだろう。無理な売り込みをされたり、騙されたりした人もいるだろうから、仕方がない。しかし**セールスとは実は、相手の問題を解決する素晴らしい行いなのである。**

人はなぜ、売り込まれるのが嫌なのか？　それは、信頼してない人から売り込まれるからだ。しかし、信頼している人から売り込まれると、人はその売り込みを無碍（むげ）にしない。よほどお金がない限り、話だけは聞くだろう。

私は、YouTubeを通じてセールスをバンバンしているが（笑）、これは日々の動画投稿によって信用残高が増え、視聴者から信頼がたまっているからこそ売れているのだと確信している。セールスを充実させたいのなら、信頼される人間になること。当然と言えば当然だが、できていない人が多いのでここではあえて言っておく。

セールで結果が出るのは、この信頼が多く貯まっているか否かで決まる。

決して、小手先の営業トークやテクニックではないことを知っておこう。

第3章

投資が引き寄せる（人生にもたらす）引力

今こそ、投資の世界へ

さて、「夢と金」の正体を知って、それらを引き寄せる引力を作動させるには、「信用」が必要なことを解説した。では、信用を手にしたあなたが、次にやることは何か?

それは、【投資】だ。

「え?投資?」と思っただろうか? そう、皆が株やFXをイメージする、あの「投資」である。

なぜ、夢と金を掴むために投資をしなくてはならないのか? それには深い理由がある。投資と聞くと株やFXが一番最初のイメージになると思うが、実は、投資の本質は全く別にあるからだ。

投資の本質、それは【未来を作るもの】であるということだ。言い換えれば、**【未来の果実を育む行為】こそ投資なのだ。**

夢と金は切っても切れない関係にある。そして、信頼があればお金も集まってくるし、夢に対しての賛同者も増えてくる。次は集まったお金をどう使うか？　ここがポイントだ。**夢を叶えることだって、お金の投資方法（使い方）を間違えば、叶う夢も叶わない。**あなたの財産は無限ではなく、限られたものだ。その使い方に全てがかかっていると言ってもいい。

未来の果実を育むため、どう投資戦略を組み立てていくか？　これが成功者になれるか否かの重要な起点となる。

お金の5つの使い方（投資、消費、浪費、投機、貯金）

投資の話に入る前に、「お金の使い方」について、今一度学んでおこう。お金の使い方には、5つのパターンがある。

【消費】食事、光熱費、家賃など、生活していく上で必要になるお金

【浪費】ブランド品を買ったり、好きな甘いものを買ったり、いわば無駄遣いにも似た贅沢

【貯金】お金を貯めること

【投機】運やタイミング任せでお金を投げる行為。簡単にいえば、ギャンブル。（宝くじも投機に入る）

【投資】未来の果実を育む投資。リターンが見込めるものに、お金を投じる

行為。

この中で、あなたに目を向けてもらいたいものが「投資」だ。

そうだ、大事なことを聞き忘れていた。一つ質問させてほしい。あなたは「投資」をしたことがあるだろうか？　ない人はいるだろうか？

実は、投資は99％の人間がしている。なぜなら、驚くかも知れないが銀行や郵便局にお金を預ける行為は立派な投資だからだ。意外だったろうか？

これを言うと、10人中9人が「え、うそ？」と驚く。

銀行に預けるのが、なぜ投資なのか？

それは、預けたお金がそのまま自分に返ってくるという安心なサービスを銀行は提供していないからだ。ペイオフというのがあるが、預けている銀行が倒産した場合、１０００万までしか戻ってこない。銀行はいつ潰れるのか？　これは、当事者の銀行員でもわからない。銀行は突然潰れるのだ。朝会社に行くと張り紙が貼ってあって、「本日をもって当行は営業を停止しました」というメッセージに社員が愕然とする。こんなことが起きる。過去に１００行以上が倒産してきた。

最近、海外で巨大な銀行がバタバタと潰れているが、日本でも確実に、近年中に倒産する銀行があることを断言しておこう。話は少しずれたが、銀行に預けるのは、何の保証もない投資であることが理解できたと思う。

銀行は投資先として良くないのだ。極端にリターンが低すぎるし、倒産した時のリスクはでかい。もっと別のところに投資をする必要性がある。

投資にお金をかけるために、削らなければいけないのはどこだろうか？きっと、投機や浪費だというだろう。

投機は言うまでもない。やっている人は今すぐ辞めた方がいい。無駄金にすぎない。しかし浪費はどうだろうか？浪費は人生における潤いになる。

誰だって消費（生命機能）のためだけに仕事をしているわけではないはずだ。家族と旅行に行ったり、美味しいものを食べたり、好きな趣味に没頭する。そして、幸せを感じる。その手段として仕事をしているはずだ。浪費を奪ってしまっては人生を生きている価値はない。

ただ大切なのは、バランスだ。お金の使い方のポートフォリオ（※）をしっかりと設計した上で、投資や浪費をしていくことが大切になる。
※ポートフォリオとは、投資における配分を決めるための構成表のこと

投資家はヒーロー

これから「投資」の話を詳しくしていくわけだが、その前に、投資が人生においてどんなメリットをもたらすのかを先に話しておこう。投資は「未来の果実を育む行為」と言ったが、もう一つの側面がある。それは、【人類救済】だ。大袈裟な言い方かもしれないが、**投資は人を救っている。**

「人はなんのために生きているのか？」。その問いに私は、幸せに生きるためと、もう一つ、人を救うために生まれたと常々言っている。そう、投資家たちはヒーローなのだ。

世間には、才能はあるがまだお金と信頼がなくて日の目を浴びていない人がごまんといる。本書でも第5章で登場してもらう「NY」（エヌワイアンダーバー）さんは、今やNFTアーティストとして第一線で活躍する有名人だが、数年前までは知名度もなく生活に困っていた。

そこで、私は、彼に投資した（NFTアートを数点購入した）。

そこから彼の人生が変わった。今では作品を依頼すると2年待ちの状態の売れっ子になり、超有名NFTアーティストとして活躍している。

他にも私はたくさんのアーティストに投資をしてきたが、あげればキリがないので、ここでの紹介は彼一人にしておこう。

投資というと、自分が将来儲けるということにベクトルが向きがちだが、人の可能性を開き、大きなチャンスを与えているという認識を持ってほしい。つまりは救済だ。

そして、**重要なのは「見返りを求めない投資」こそ本当の投資である**ということ。人は見返りを求めると卑しくなる。「せっかくチャンスをあげたのに、奢ってあげたのに」**こうした思考を持つと、投資家としての格が下がる。**

ヒーローが見返りを求めて人助けをするだろうか？　繰り返すが、**投資は「人類救済」である**ということを胸に留めておいてほしい。何より人を救ったという気持ちこそが、あなたの中で宝物となる。

愛情の投資は「引力」の発生装置

投資は「人類救済」である話をしたが、これがまた大きな引力を引き寄せる。見返りを求めない愛情（投資）は大きなリターンを生むのだ。

返報性の法則というのを知っているだろうか？　人は恩をもらったら何か

しら返したいと思う生き物だ。

例えば、友人への手伝いなんかもそう。投資はお金だけが投資ではない。時間や労力も投資の一種だ。あなたが人に貴重な時間と労力を割いたならば、相手は何かしらの恩を返そうとするだろう。ご飯を奢ったり、お菓子をくれたりもあるだろうが、何よりあなたがいざ困った時に助けてくれる可能性がグッと高まる。見返りを求めないというのがポイントだ。

仮に「手伝ったんだから、何か見返りをくれよな」なんていうと、言われた方はどうだろうか？　まあ、返すけど、いい気はしないはず。必要最低限のお礼で終わってしまうだろう。見返りを求めないからこそ、行ったこと以上のリターンがくるのだ。見返りを求めない愛情の投資は、投資分以上の価値を生み出す。

投資で最も大切な「自己投資」

次に、投資の中でも、私が一番に大切だと思っているものを教えよう。これこそが**最大の引力を生む**と言っても過言ではない。それは、【自己投資】だ。

あなたは自分への投資をどのぐらいしてきただろうか？　案外、人にお金はかけても自分に投資しない人は多い。自分はいいからとケチるのだ。

会社もない、家もない、金もない。世界が焼け野原になったとしよう。それでも周囲に人は存在する。そのとき金を稼ぐ手段として、あなたはどうするか？　少し考えてほしい。

さあ、どうだろうか？　ここで重要になるのは、**あなたが他者に提供できる資源として何を持っているかだ。**

物質的なものは何もないとしたら何を売るか？　それはあなたの持っている知恵や知識を売るしかない。

でも、あなたが自己投資しないで何もスキルや交換材料を持っていなかったら、焼け野原となった世界では何も生むことはできない。

これが怖いのだ。会社を辞めたとき、独立したとき、あなたの周りは焼け野原になるかもしれない。そこであなたには、あなた自身の売るものがあるだろうか？

私は投資歴40年のプロの投資家だ。自己投資こそが最大のレバレッジがかかることを知っているので、自分磨きに年間1千万円はかける。自分磨きとは外見だけの話ではなく、能力を高めることも一緒。本当に価値のあるセミナーだと思ったら、2百万でも3百万でも払って学ぶ。だって費用は学んだ知恵を使えば数ヶ月で回収できてしまうから。

また、自己投資をしない人はセルフイメージが低い傾向にある。「自分なんて、どうせ・・・」という固定観念が自分の成長を妨げているのだ。

私はセミナーでそういう固定観念を捨てさせるために、ある言葉を投げかける。それは「『まさか、私が』を捨て『まさに、私が』になれ」だ。「か」を「に」に変えるのだ（洒落で「蟹（かに）の法則」と呼んでいる）。

こう考えれば「**自分は良質な学びさえあれば、なんでもできる**」と思えないだろうか。もし、あなたが今、やりたいことが少しでもあるなら、思い切ってチャレンジしてみてほしい。「自己投資」として。

カニの法則
まさカ私が
⇩
まさニ私が

これは、今まで手をつけてこなかった未開拓のゾーンを開拓することも一緒だ。最近、社員が知り合いのワイン業者から一本２万円ぐらいのワインを買ったそうだ。

ワイン通からすれば大した金額ではないかもしれないが、普段、2〜3千円のワインを飲んでいる彼にとっては大きな決断だった。買った理由は「自己投資」だった。今まで味わったことのないワインを飲んでみて、新しい世界を感じてみたかったと彼は言う。

そして、その2万円のワインを飲んだことで、彼の中では、今まで味わったことのない感動が生まれた。その感動をワイン仲間に伝えることで、ワイン仲間から声がかかり、新しい人脈が生まれた。これも自己投資が生んだ立派な産物だ。

自己投資は自らの能力をレベルアップするだけではなく、新しい世界観を味合わせてくれたり、新しい人脈を作ってくれたりする。**自己投資はまだ見ぬ素敵な出会いを作ってくれる最高の投資**なのだ。

健康への投資を怠るな

本書を読んでいるあなたにどうしても言いたいことがある。それは【健康への投資】を怠るなということだ。

「健康には気をつけている」と言う人はいるが、実のところ本当の意味で健康意識が高い人は少ない。なぜなら、知識が圧倒的に少ないからだ。悪い言い方かも知れないが、間違った健康法をして逆に身体をこわしている。なぜ間違った健康法をしてしまう人が多いのか？　言うまでもない。**マスコミが金儲けのためにスポンサーに媚びるからだ。間違った健康法をいいものとして騙して伝えている。**

例えば、健康の代名詞ともいえる「食」。私の33冊目の本で『ニューヨークの医師が教える病気を治す食べ方（現代書林）』がある。その冒頭での問いがこれだ。「白米と玄米、どっちが体にいいか？」

おそらくほとんどの人は玄米と答えるだろう。しかし、実態は違う。本当は白米なのだ。玄米至上主義者は、健康面において大きな危険を伴う。ここでは詳しくは言わないが、いつ身体を壊してもおかしくない。

そして、90％の日本人が陥りがちな糖質過多。これも危険だ。なぜ多くの人が糖質過多になるのか？　これは、お金がないというのが一つの要因。炭水化物は低価格で手にはいる。お金がないからパンや米で腹を満たそうという思考が危険だ。糖質ばかり摂ると頭が悪くなる、思考力が鈍る。

もっと「健康に対する出費」を増やそう。そうすればあなたの体と思考は優れたものとなり、投資の効果が現れる。そもそも**健康じゃなければ、夢もお金も関係ない。**何もできないのだから。

健康になるためには、まずは「情報」だ。人は正しい情報を仕入れれば味覚が変わる。ファストフードばかり食べている人は、ファストフードの危険性を知れば、これまで美味しいと感じていたハンバーガーやポテトが急に美味しくなくなるはずだ。「人は情報を食べている」という言葉もあるが、本質をついている。

食や諸々の健康については「健康大学」で詳しく教えている。テーマは健康に関すること全てだ。食や運動、睡眠、呼吸。詳細は、QR コードを読み取って確認してほしい。

ウソ情報から身を守る！本当の健康情報を学ぶ
「健康大学」／未来生活研究所（定期講座）
https://miraia.co.jp/healthcollege22/

資格試験は将来性が薄い投資

自己投資の話をすると、「じゃあ私は将来のために資格試験の勉強をしよう」という人が出てくる。ハッキリ言うが、資格試験はリターンの低い自己投資の一つだ。資格をとったところで、その資格を活かせる職につけるかは別問題。資格をとったことで満足してしまい、それで終わる人を何人も見てきた。何よりも希少価値がないためレア人材になれない。よって費用対効果が低いのだ。

資格試験に手を出すならば、目的意識を明確にしていない限り絶対にやってはいけない。無駄に高いお金を受講費に払い、何よりあなたの貴重な時間を多く無駄にする。

大事なのは、**あなたが「夢と金」を掴むためにどのように自分らしく信頼を集めるのか？　そして引力を働かせるのか？　だ。**そのためには自分の魅力をもっと知ることが大切だ。

余談だが、私は人間の特性を９つに分類した「**ナインコード**」を開発し、日々教えている。自分の特性が一目でわかり、進むべき道や磨くべきことを教えてくれる優れた学問だ。自分にどんな魅力や隠れた才能があるか？　知りたい方は、ナインコードを勉強してほしい。（本もあるよ！）

私は35歳の時に、最大の自己投資として本を出版した。かけた金額は９百万円。これが大成功した。当時35歳と言う年齢で、経営者としては舐められていた。しかし本を出した途端に周りの対応がガラリと変わった。「本を出せるぐらいすごい人なのか」というイメージが先行して、仕事がどんどん舞い込む。９百万円の投資で、２億円以上のリターンがあった。そこからテレビ出演なども増え、敏腕コンサルとしても活躍していく。

さあ、あなたはどうやって自己投資をしていく？

ナインコードでわかる！あなたの、あの人の気性がわかる！
「9code 超入門編ガイダンステキスト（無料）／未来生活研究所
https://miraia.co.jp/9code2059/

読書は最高の自己投資

「中野さん、自己投資の中で一番レバレッジが効くのはなんですか？」投資の講座をやっていると良く聞かれる。そして、こう答える。「最短で結果が出て、なおかつ最安値で自分を成長させられるのは読書だ」と。

あなたは月に何冊本を読むだろうか？　実は、成功者には絶対的な条件があって、それは成功者は皆、読書家であるということだ。

あの投資の神様であるバフェットは毎日５００ページも本を読むし、孫正義も2年の間に3千冊の本を読んだという。他にも、名だたる経営者は皆、本を大量に読んでいる。さてあなたは何冊読んでいるだろうか？

私は本を書く作家でもあるし、代理で本を書くブックライターの仕事も何回もこなしてきた。編集も然りである。本は月に30冊は最低読む。

そこで思うのが、本は書き手の人生の叡智と経験がつまった結晶であるということ。考えてみてほしい。本は一冊たかだか１５００円程度だ。その中にどんな情報が入っているのか？　それは、その人が何年もかけて、お金と時間もかけて得た経験や結果の知恵が入っている。

この本だって、私は40年以上の経験をもとに書いているし、コンテンツを手に入れるために使った金額なんて2億円以上だ。それをこうして、１５００円で読者に提供している。これを最強にレバレッジの効いた投資と言わないでなんというのか？

本を読む時間がないという人がいるがそれはウソだ。読む時間は必ずある。きっと本の読み方が悪いのだろう。一冊丸々読むのではなく、ポイントポイントで読むのが大切だ。これは本題とはずれるのでまた別の機会に話すが、一冊の本がその人の人生を変えてしまうことも少なくない。

本は、気づきを与える尊いもの。これが私の考える本の最大の役割だ。

そして、あなたも誰かに与えることをしたいのなら、ぜひ本を書く側に回ってほしい。**本は信用を高める最大の装置で、一冊出しただけで世界が変わる。**

本を出したいなら未来生活研究所に問い合わせてほしい。あなたの新人デビューをサポートしよう。

【ワーク（今日から行う自己投資を考えよう）】

あなたは「今日から一年間」でどんな自己投資するか？
自己投資のポートフォリオを完成させよう。

＜「自己投資ポートフォリオ」を完成させよう＞

例）総自己投資額（年間）　100 万円

【自己投資するもの】

●セミナー（総自己投資額の 40%）→ 40 万円
●健康（総自己投資額の 25%）→ 25 万円
●習い事（総自己投資額の 15%）→ 15 万円
●読書（総自己投資額の 15%）→ 15 万円
●チャレンジ（総自己投資額の 5%）→ 5 万円

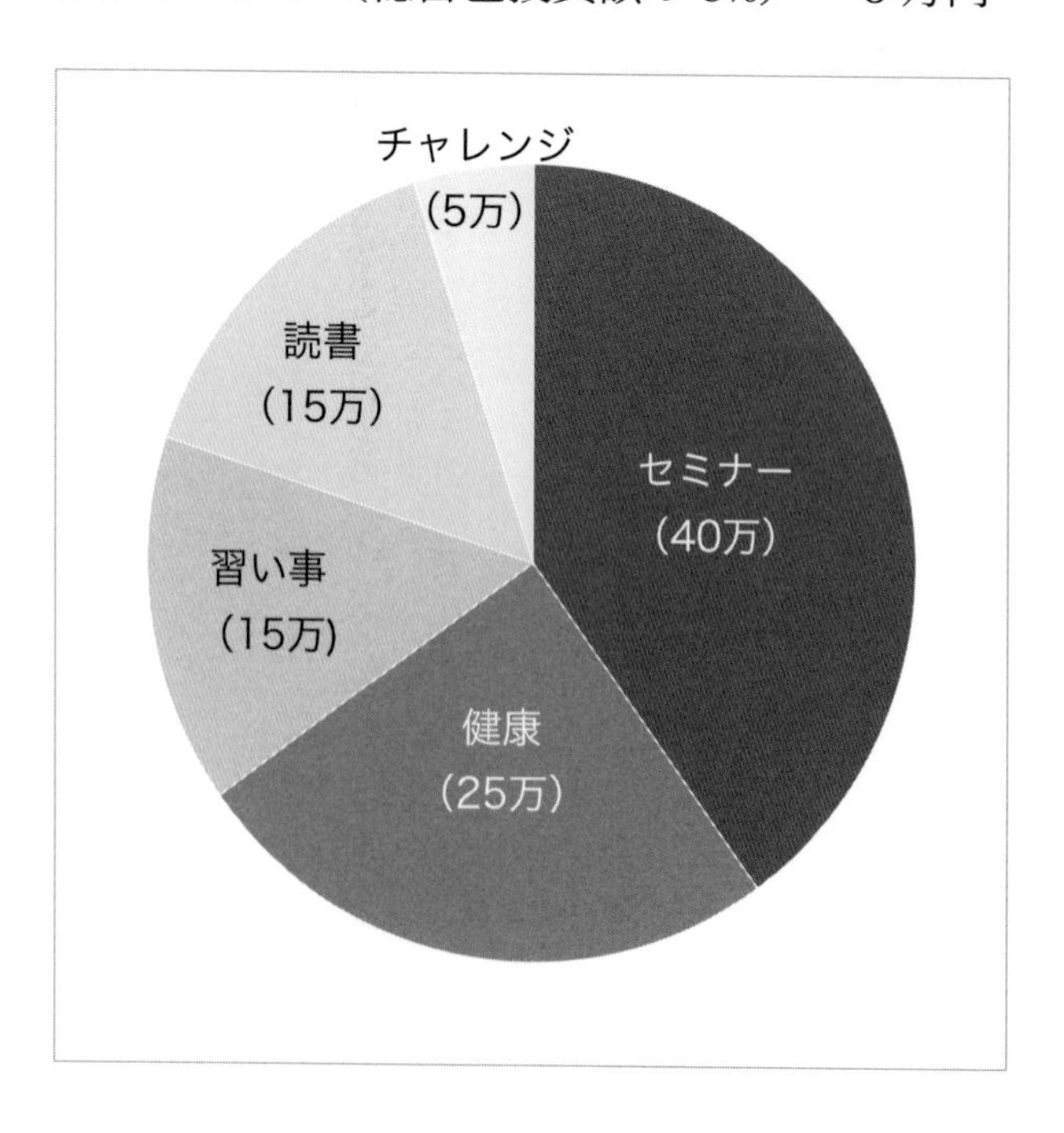

実際にポートフォリオを作ってみよう！

＜手順1＞ 円の真ん中に「・」を入れる
＜手順2＞ 年間の総自己投資額を記載する
＜手順3＞ 自己投資するものを考える
＜手順4＞ 何%（いくら）をそれぞれに投資するかを考える
＜手順5＞ 例のようにポートフォリオを完成させる

総自己投資額（年間）　　　　　万円
【自己投資するもの】

●　　　　　（総自己投資額の　　%）→　　万円
●　　　　　（総自己投資額の　　%）→　　万円
●　　　　　（総自己投資額の　　%）→　　万円
●　　　　　（総自己投資額の　　%）→　　万円
●　　　　　（総自己投資額の　　%）→　　万円

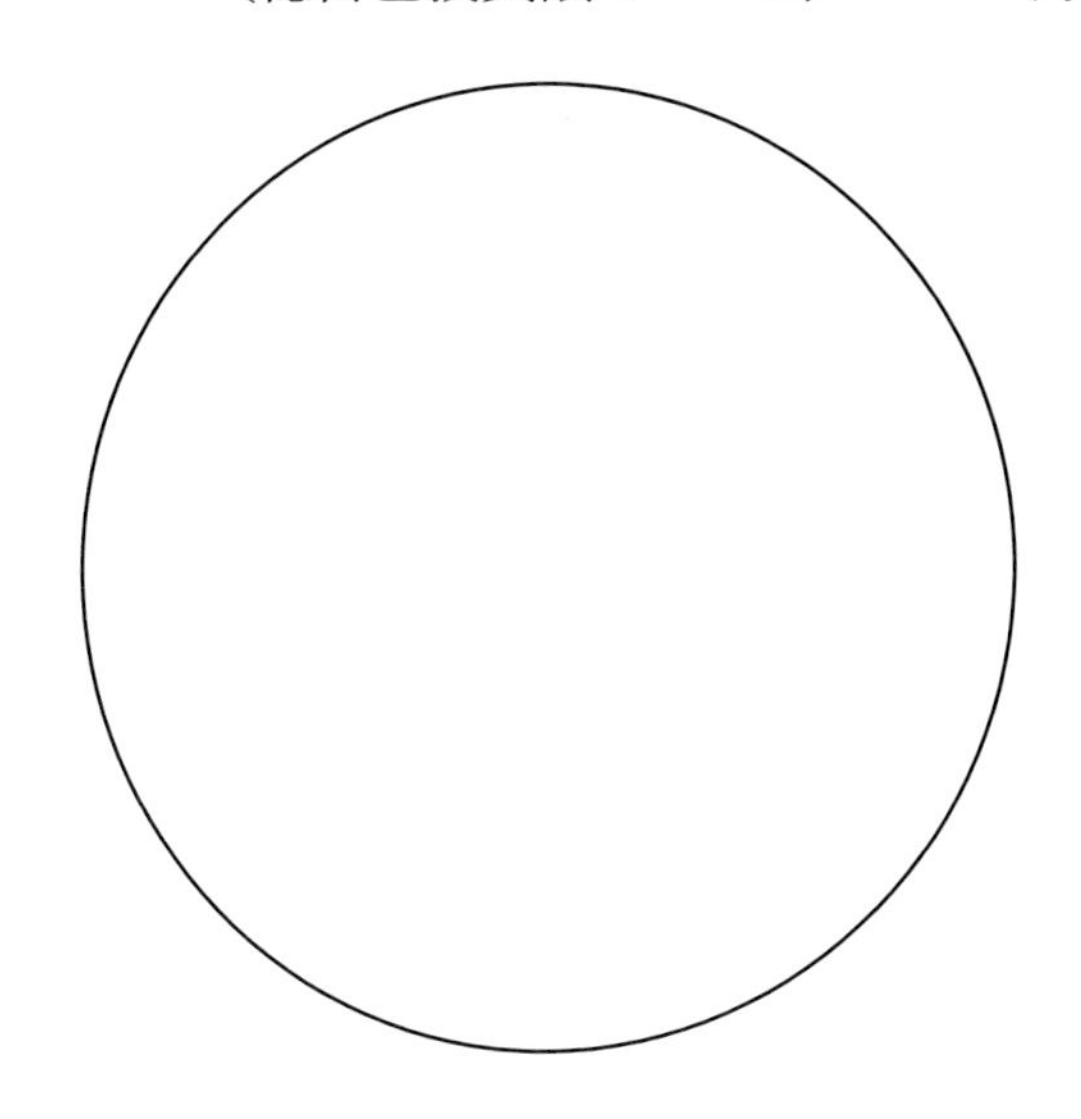

第4章

金持ちになる「マインドセット」

ゴールが明確でないと金持ちになれない

金持ちになるためにもう一つ重要なことを話そう。それは「ゴール設定」だ。お金に関するビジネス書を読むと、ほとんどの本でゴール設定の重要性を書いている。「家の頭金3百万円を貯めるのが目標」などと、**ゴールを決めれば、人はお金を増やそうと努力をする。**

しかし、いわゆる富裕層を目指すなら、その程度では全然甘すぎる。今からちょうど一年前、大富豪の末ちゃん（第5章参照）が社員にイタリアンレストランでワインを飲みながら面白い話をしていた。

末「君は将来金持ちになりたいの？」

社員「なりたいっすね」

末「なんでなりたいの？」
社員「金があれば色んなチャレンジもできるし、心も豊かになるし。あ、若い学生たちに投資ができるし」
末「なんで、チャレンジしたいの？　なんで心が豊かになりたいの？　なんで若い学生たちに投資したいの？」
社員「それは・・・」
末「その先には何があるの？」
社員「・・・」
末「それ言えないと、金持ちにはなれないよ」
一字一句が正しいかは記憶が定かではないが、こんな話をしていた。私は近くにいて「頑張れ」と心で思いながら聞いていた。さすがは末ちゃんだ。
私も数々の金持ちと出会ってきたが、お金はいつもゴールが明確な人のもとにやってくる。何かをやりたい、チャレンジしたいという気持ちはほとんどの人が持っているが、それを実現した先、何を手にしたいのか？　かっこよく言えば、「どんな社会や世界を作りたいのか？　見たいのか？」**そこまで夢を明確に言語化できなければ、お金は寄ってこない。なぜなら、賛同者が現れないからだ。**

「やりたいことがあるなら勝手にやればいいよ」。これが世間の本音だ。でも、そのやりたいことをやった先にある世界、つまり、本当のゴールを語れることができれば、**その世界を見てみたい賛同者が集まる。**賛同者が現れる、投資をしてくれる。そうして、人は新しい挑戦をして、お金が生まれてくる。

あなたが何かに挑戦したいのなら、**まずはゴールを決めよ。それも「なぜ？」を繰り返し、言語化できるレベルにまで落とし込め。**そうすれば、投資家としての支援者や賛同者が現れる。余裕のある投資家は、直接的なリターンは求めていない。純粋に応援したいからだ。

金持ちは貧乏人を救っている！とは？（なぜVIP席があるのか？）

ところで、あなたは「金持ち」が好きだろうか？　本書を読んでいる方なら大好きだろうが、もし「金持ちは嫌いだ、鼻につく」と思っている人は、今すぐその考えをあらためてほしい。言い方は悪いが、金持ちは貧乏人を救っているのだから。

「え、金持ちから何も恩恵なんて受けてないよ」と思っているかもしれない。しかしそれは大間違いだ。実は金持ちは至る所でお金がない人を救っている。

たとえば身近なところでいえば、税金。日本は累進課税制度のおかげで、金持ちはより多くの税金を払っている。そのおかげで社会の福祉が充実したり、公共施設がタダであったり安く使えるわけだ。よくセミナーをやっているので分かるのだが、都や区が運営しているセミナー会場は1時間5千円ぐらいで使えるところが多い。

しかしこれが民間ならどうだろうか？　1時間数万円に膨れ上がる。金持ちが税金で、都や区が運営しているセミナー会場でかかる人件費や土地代を負担してくれているからだ。

他には飛行機。ＶＩＰ席に乗ったことがあるだろうか？　もし乗ったことがある人はそれだけで多くの人を救っている。なぜなら、ＶＩＰ席なしでは、飛行機は空を飛べないからだ。

「？」の人も多いだろうから、詳しく話そう。この話は実は、キングコングの西野亮廣さんがその著書『夢と金』の中で教えている話だ。

たとえば、東京からニューヨークの飛行機代はいくらか知っているだろうなる。
か？　JALボーイング777-300ER（773）を例にとると、以下のように
●エコノミークラス147席　一人22万5000円
●プレミアムエコノミー40席　一人39万7000円
●ビジネスクラス49席　一人64万6000円
●ファーストクラス8席　一人188万円

計算すると、全ての座席の合計金額は「約1億円」になる。つまり、1億売り上げがないと飛行機は飛べないのだ。では仮に全ての席がエコノミーだったらどうなるか？　1億円÷244人で、なんと一人当たり約41万円もかかってしまう。つまり、19万円もトクしてる。

いかに、VIP席に座る金持ちが、エコノミークラスの人を救っているかがよく分かったかと思う。この原理はコンサートや演劇などチケット関連にはよくある。良い席に座る人は、人助けをしているのだ。

引力を増幅させたいなら金持ちを取り込め

先ほどの飛行機のＶＩＰ席の話を聞いて、「私も弱い人を助ける存在」になりたいと思った人はいるだろうか。そんな人は金持ちになる資格がある。引力を働かせて、夢と金を手にすることができるだろう。しかし、金持ちになるには**「金持ちのマインド」**も知っておきたい。つまり、金持ちの心の内側だ。

一体、**富裕層は何に価値を見出し、何にお金を払うのか？**　それを十分に知っておく必要がある。もしあなたが商品やサービスを提供している側なら、富裕層をお客さんにするための絶対条件だ。

「プレミアム」と「ラグジュアリー」という言葉を知っているだろうか？どちらも似ている感覚の言葉だが実態はまるで異なる。

【プレミアム→競合がいる中での最上位（役に立つ）】
【ラグジュアリー→競合がいない中での最上位（意味がある）】

車を例にするとわかりやすい。日本車のプリウスと外車のフェラーリ、あなたはどちらが好きだろうか？

プリウスは燃費も良いし、静かだし、座り心地もいい。数ある国産車の中でも人気だ。競合を勝ち抜いた、生活に「役に立つ車」だ。しかしフェラーリはどうだろうか？　燃費は悪い。時速350キロまで出せるが、この日本でそんな速度を出せるところはあるか。移動としては完全に不向きだ。つまり、走るという意味では役に立っていない。

だがフェラーリには「意味」がある。自宅ガレージに停めて、酒でも飲みながら、「フェラーリを持ってる自分ってすごい」と自己満足したり、「フェラーリを持っているってどんな人？」と羨望の目で見られたりと、周りからの目線も変わる。

これがラグジュアリー（競合がいない中での最上位）である。フェラーリを選ぶ人は、何か他の車と比較するだろうか？　最初からフェラーリが欲しくてディーラーにいく。フェラーリに競合なんていないのだ。

これは高級ブランドもそう。シャネルやヴィトンの商品を買いたい人は、最初からその店に行く。他の格安店は見向きもしない。富裕層は皆、プレミアムが欲しいわけではない。ラグジュアリーが欲しいのだ。

私は毎年11月に「**時読み®講座**」を開催している。現在、価格は定価で８万８０００円と、単発のセミナーにしてはかなり高価だろう。しかし、毎年、受講生は1千人を超える。これは意味があるからだ。**他のセミナー会社に、明確に未来の出来事を案内している講座などない。競合がいないし、中野が教える時読みは的中率90％以上でよく当たるという意味があるのだ。**だから、お客さまが毎年リピートして受講してくださる。今年２０２３年も11月に開催する。楽しみにしていてほしい。（下半期版は7月に開催）

競合がいない最上位（ラグジュアリー）をどれぐらい商品やサービスとして作れるか？　それが、富裕層をお客様にする最大のミッションである。

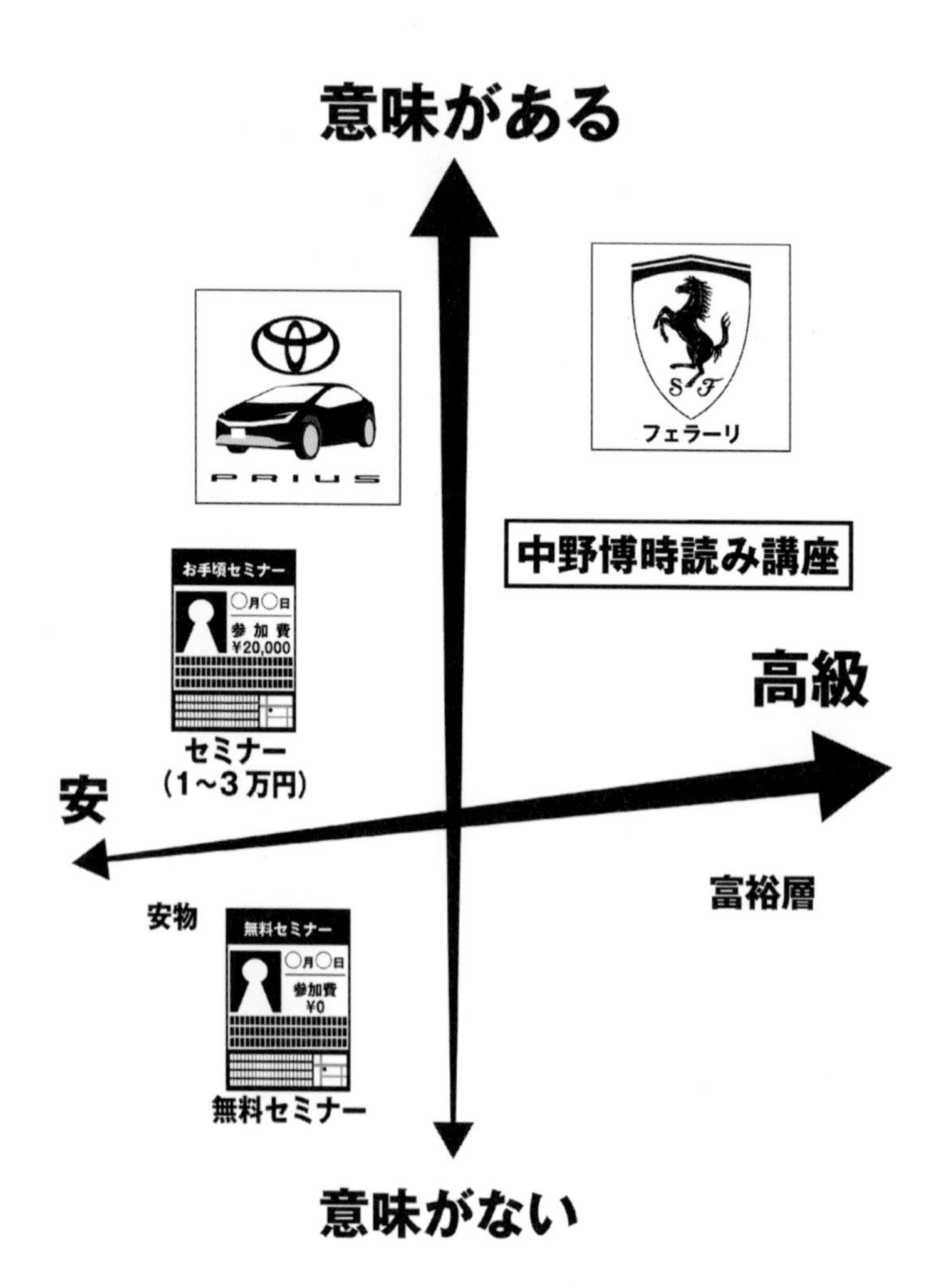

意味がある
フェラーリ
PRIUS
中野博時読み講座
お手頃セミナー
○月○日
参加費
¥20,000
高級
セミナー
(1~3万円)
安
安物
富裕層
無料セミナー
○月○日
参加費
¥0
無料セミナー
意味がない

ＮＦＴは最大のラグジュアリー商品

ＮＦＴを知ってるだろうか？　最近、話題になっているホットワードで、ググれば（ネット検索すれば）色々な話題が出てくる。仕組みは少し難しいので割愛するが、わかりやすく知りたい人は、中田あっちゃんのYouTube大学を見てほしい。凄く分かりやすい。私も最初、あっちゃんの動画で勉強した。

ＮＦＴは投資家たちの間ではかなり注目されていて、特にＮＦＴアートは私も日々動向を見ている。２０２１年３月にデジタルアーティスト「ビープル」のＮＦＴアートが75億円で落札された。

「一体なんのアートなんだ？」気になる方はすぐに検索してほしい。一見、何を書いているのか分からないデジタルアートなのだが、75億の価値がついた。Twitterの創業者、ジャックドーシーの初めてのツイートが3億円で落札。これもＮＦＴだ。

ＮＦＴとは保有権のことで、売買されているのは証明書となる。デジタルデータに持ち主を作ることができるようになった。これによってデジタル世界で、一点もののアート（商品）が買えるようになったのだ。

これは、先ほどの例でいえば最大のラグジュアリー商品である。競合がいない中での最上位であり、そこには一点ものの価値がある。アートの所有権は、買った人だけが持つのだから。

私は、ＮＦＴアートはこれからの世界を変えると直感で感じ、これまで８００点以上のアートを購入してきた。NY_さんもこの世界の人。

NY_さんの認知度が上がれば上がるほど、絵の価値も上がる。絵の価値が上がれば値が上がり、周囲はNY_さんの作品が買いにくくなる。まさにラグジュアリーだ。

私は、購入したＮＦＴアートをオンライン上で展示している美術館を持っ

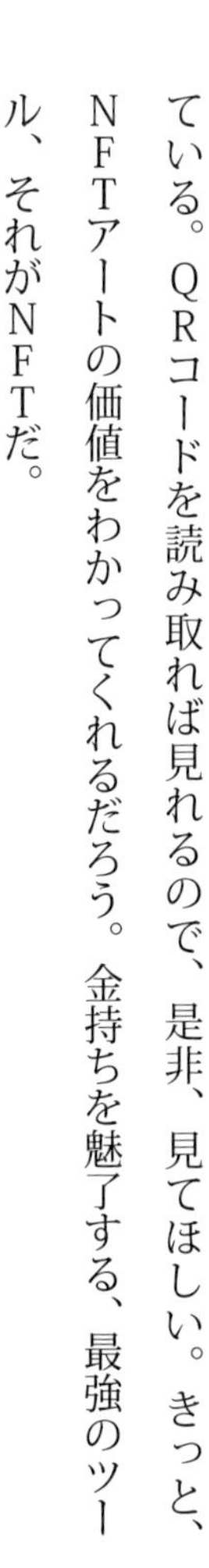

ている。ＱＲコードを読み取れば見れるので、是非、見てほしい。きっと、ＮＦＴアートの価値をわかってくれるだろう。金持ちを魅了する、最強のツール、それがＮＦＴだ。

NFT アートを見てみよう！
中野美術館（オンライン美術館）
https://oncyber.io/exhibits/VqWw2BWbzLSDlwIXoeOl

金持ちの口癖

金持ちには実は「口癖」がある。それは「**勉強になった**」だ。

金持ちはこの言葉で引力を発生させ、お金をどんどん引き寄せている。お金は交換のツールであると前述したが、自分で出したお金に対しての交換された商品サービスについて、金持ちは学習意欲を高く持って学ぶ。

そうした習性があってか、金持ちはたとえ商品が思うよりも期待外れだったとしてもクレームは言わない。「これも全て勉強」と割り切り、次に活かす。

あなたも金持ちの仲間入りをしたいのなら、まずは口癖から変えるべきだ。商品やサービスの価値を感じるのは、いつだって買ったあなたなのだから。

金持ちは何に「価値」を見出すか

金持ちは何にお金を支払うのか？　もちろん、商品やサービスにお金を払っているのは間違いない。しかしここで重要となるのは、金持ちは単純に商品やサービスに対してお金を払っているのではないということ。

金持ちは、次の二つの側面に価値を重き、お金を出しているケースが多い。

【1】良質な「コミュニティ」

金持ちは、コミュニティを大切にする。ただのコミュニティじゃない、良質なコミュニティだ。同じレベルで物事を考えることができ、存在するだけでより自分のレベルを高いものにしてくれる。そんなコミュニティだ。

金持ちは「**情報**」に貪欲だ。なぜなら、**情報の仕入れこそが、大金を生むことを知っているから。**

私は、ジャーナリストだからこそ知っているのだが、世の中に溢れる情報など、その大半は金持ちにとってはどうでも良い内容だ。マスコミが相手にしているのはあくまで大衆の「マス」。レベルが低い情報だ。

さらにいうと、社会を動かす次元の高い情報は、まずマスコミから一般に流れない。大きな企業が密かに動いている案件、政治動向、ニュースの裏側。これらには共通点があって、上級階級から上級階級に情報が流れるようになっている。

なぜか?

それは、**今ある社会の縮図や実態のほとんどは、大きなお金を自在に動かせるお金持ちを中心に出来上がっているからだ。**「まさか・・・」と思うかもしれないが、紛れもない事実だ。私も、ジャーナリストとしてこの事実を知った時は、衝撃だった。

大衆（マス）に情報が降りてくる時には、その情報はもう古いもので、案件としては既に上流階級や一部の政治家たちで決定事項として決められていることが多い。

マスコミを通して、あたかも民主的に国民の意見を聞いている姿勢を演じるが、それは演じているだけ。国民の民意を反映するまでもなく、案件は実行されていることが往々にある。（こうゆう話は、YouTubeでは一発でBANなので言えない）

それを、**金持ちたちは既に「社会の仕組み」として知っている。だからこそ、金持ちだけのコミュニティに入ろうとする。そこで流れている情報こそ、価値があることを知っているから。**

そして、金持ち同士で連携することで、新しいビジネスも生まれる。決済権を持っている人も多いので、最短で早く。今の時代はスピード勝負なので魅力的だ。

私は、「投資家育成講座」を開催している。価格は会場参加で90万円だ（5期生からは100万円）。セミナーとしては高額な部類に入るだろう。それでも、毎回、定員オーバーするぐらい人が集まる。

参加者に聞くと、**「90万円の講座だから、そこには凄い人が来るはずだと思った」「そのコミュニティで流れる情報は本当に価値があるものだと思って入った」**という声が多くあった。

お金を持っている人は、コミュニティを選ぶ。そして、そこで流れる情報にこそ、お金に代え難い価値があるのだ。

【2】人の応援

意外かもしれないが**金持ちは「応援家」**だ。人を応援するために惜しみなくお金を使う。

少し前からクラウドファンディングが流行っている。私も2回ほどチャレ

真の投資家を目指す
「投資家育成講座５期」
https://miraia.co.jp/tousika05/

ンジしたが、最初の1回目は資金が集まらなかった。しかし2回目は目標金額を達成して、成功した。

なぜ1回目と2回目で成否が分かれたのか？　これは経験値の話ではない。お金を出してくれる**「金持ちの習性」を理解していなかったからだ。**

クラウドファンディングにはリターン（出資者へのお返し）があるが、このリターンが重要で、案件の成否を分ける。最初の挑戦のときは、１００万円を支援してくれた人には、中野の本を１００冊プレゼント！　コンサル券をプレゼント！とか、よくあるリターンを設計していた。しかしこれが大失敗。高額の支援は一件もこなかった。

2回目を挑戦するとき、またリターンに悩んだ。社員とも相談したが、また1回目と同じようなリターンを設計しようとしていた。しかし、ふと思った。「私ならどんなリターンが嬉しいか？」と。

私も（自分で言うのもなんだが）金を持っている。私だったらどんなリターンが欲しいか？　そこで出た結論が「モノやサービスは何もいらない」だった。

欲しかったのは、支援したという実績。そして、支援した自分を称賛する気持ち、支援した人の喜ぶ顔だった。

今までクラウドファンディングで支援したことはあったが、ぶっちゃけ、モノやサービスは一過性のもので、もらったリターンをその辺において忘れてしまったこともある。

しかし「この人を支援した。なんだか気持ちいい」こういった思いだけはずっと残っていた。

「あっ！　これこそが本当に欲しいものだ！」と思った私は、本や物品をやめ、リターンとして中野が開催するセミナーに来る権利を設定した。

別に高いものじゃない。20万円の支援で、5万円のセミナー受講権みたいなものだ。（今までは20万円以上の価値を出すために、本や物品をこれでもかと送っていた）

なぜか？　私がお金を出してくれた人に直接お礼を言いたかったからだ。支援者からお礼を言われて嫌な気持ちになる人はいない。ここにプライスレスな素敵な価値があると思った。

実際、１回目では高額支援は１件もなかったが５件入ってきた。そして会場に来てくれた人に心からお礼を言った。色眼鏡かもしれないが、全員本当にいい顔をしていたと思う。

金持ちは人を応援したい生き物なのだ。人のためにお金を使って、そこに喜びと満足感を覚える。

金持ちを味方につけたければ、あなたの「ファン」を作れ

あなたには「ファン」はいるだろうか？　この人のためなら時間もお金を使ってもいい、そう思える人だ。このファンづくりはあなたの**引力を強める**ためには必須になる。なぜなら、**ファンはあなたが窮地になったときや困ったときにこそ助けてくれる存在**だからだ。

ビジネスをやっていると顧客とファンの違いについてよく考える。あなたはこの違いがわかるだろうか？　簡単に言おう。顧客は「安くあなたから商品やサービスを仕入れたい人」であり、**ファンは「あなたを応援したい人」**だ。

商品サービスにはっきりとした区別がない場合、あなたは何を基準に買うだろうか？　きっと売り手の人柄ではないか。

美容院がいい例だ。気に入った美容院があるとずっとそこに通い続ける。もし、隣にカット代が少し安い店ができたとしても、お店を変える人はどのぐらいいるだろうか。数える程度だろう。

これは、その人（お客）がカットしてくれる人のファンになっているからだ。安さに惹かれる顧客ではない。ファンになってくれれば、たとえピンチが来てもお客はあなたを応援する。

緊急事態宣言が出たとき、このファン作りの重要性をまざまざと感じた。飲食店の場合、顧客を追求して安さで勝負していた店はバタバタと潰れていった。

しかし、高単価でもファンを獲得していた店は別だ。このお店は潰れてほしくないというファンが、テイクアウトで注文したり、寄付をしたり、クラウドファンディングで応援したりと、あらゆる手を使って店を守っていた。

まさに、ファンを獲得していたからこそその店は生き残ったのだ。**ファンは、あなたの店を永続的に繁栄させる力を持つ。**顧客を求めるのをやめ、これからはファン作りをとことん目指していこう。

正しいサービスじゃなく、惚れるサービスを（機能で勝負するな）

あなたがお金持ちを味方につけ、ファンを獲得したければ、大事なことがある。それは、正しいサービスじゃなく「**惚れるサービス**」をせよということ。

正しいサービスとは何か？　簡単に言えば、大企業がやっているもの。薄利多売で顧客に向けたある程度の品質の安売り。これを中小企業が真似をすると大変なことになる。大企業の商品サービスの機能に負けじと、時間とお金をかけてブラッシュアップする。しかし、お客の数がついてきてないからコストがかかり、値段が安くできない。

インターネットで簡単に商品の比較もできてしまうから、お客は同じぐらいのものなら安いものにいく。プレミアムとラグジュアリーの話にも通じるが、機能で勝負、正しいサービスをしていけないのだ。

では、惚れるサービスとは何か？　それは、お客様に「恋」をしてもらうような、感情で攻めたサービスだ。高度な話になるが、最近、社員から聞いた話でこんなことがあった。

４万円の投資講座を申し込んでくれたお客さまに、商品の納付が遅れてしまった。お客さまから何日も動画が来ないと連絡があったのだ。

セールをしていたこともあり、原因は単純な送付ミス。これだけだと、「どこが惚れるサービス？　ただのダメな例じゃん」と思うが、ここからが面白かった。結論から言うと、このお客さんは、２日後に90万円の投資家育成講座に申し込むことになる。

普通、嫌な思いをしたらもうその会社とは関わりたくないと思う。そこで、社員がお詫びの気持ちを込めて言ったのだろうか、「特別に講義でわからないことは何でも質問に答えますので、遠慮しないで言ってください」とお客さんにメールしたそうだ。

そこで、何度も社員とお客さんの間でコミュニケーションが生まれた。そのコミュニケーションがあったおかげで、「これなら私も投資家になれそうな気がする」という気持ちが芽生え、投資家育成講座に申し込んだというわけだ。

繰り返すが、90万円だ。

まさに、**ピンチをチャンスに変えた事例。**お客さんとコミュニケーションを通じて、恋（信頼）を生んだ。送付ミスがあったことは、こちらのミスなので今後改善が求められるが、その後がよかった。**惚れるサービスは、コミュ**

ニケーションを通じて作れるというのを証明した、良い事例だったので、今回紹介した。（送付ミスはごめんなさい）

さて、ここまでの話で「夢」を持つことの大切さ、それもちっちゃい夢ではなく、人が笑うようなどでかい夢がいいということ。その夢に共感、共鳴することで人が集まり、結果、お金も集まる。そして、あなたの夢は実現へと向かっていく、ということをご理解いただけただろうか。

あなたの「念（おも）い」の強さが仲間を集め、結果、「引力」を発動させるのだ。

あなたはそんな強い力を持っている。これを使わない手はない。

次の第五章では、実際に夢を実現した人たちのことを紹介していこう。

第5章

夢と金を引きつける「引力」を得た人たち

～中野博との出会い～

ここでは中野博（夢を叶えるジーニー）との出会いをきっかけに、夢を叶えた人たちに登場していただこう。米国で活躍するスターやIT実業家、会社経営者、アーティストや美容院を経営する女性、そしてスポーツトレーナー等々、総勢17人の成功者たち。業種も年齢も幅広いけど、その分、あなたの目標になる人が見つかりやすいと思う。

彼らの話を聞いて、あなたの夢の実現のヒントにしてほしい。そして、実行に移してほしい。何度も言うけど「夢は必ず叶う」から。

注）第五章は中野博の仲間たちへのインタビュー、本人の文章をもとにしました。

神田瀧夢（Rome Kanda）

ハリウッド俳優、コメディアン

私の夢、いや志（こころざし）レベルで成し遂げたい事は、日本人のサムライスピリット（侍魂）を世界に届けることだった。そのための手段を考えぬき、アメリカにわたり人を笑わせながら、まずは日本を好きになってもらう事だった。

この志があったから、もがき続けた結果、アメリカでコメディアンとして、スタンダップコメディークラブで一人で何百人ものアメリカ人を笑わせ続ける事ができた。

さらに、志に根差した夢をデッカく抱き続けていた結果、約10年後には、アメリカ三大キー局の一つＡＢＣテレビのゴールデンタイムの司会者という大きな役割のオーディションにも合格した。これは日本人としては初のコト。

この番組は、『**I Survived A Japanese Show**』。私はこの番組の司会者を2シーズン務める事になり、アメリカで有名人の仲間入りした！

一番嬉しかったのは、日本の魅力を伝える事ができ、日本ファンを増やす事ができたことだった。

ここで、サムライスピリットの話をすると、私は殺陣(たて)のプロであり、アメリカ人たちにサムライの象徴たる剣の使い方を指導しながらサムライスピリットも教えて来ており、今でも続けている。こんな活動の数々が、あの『Newsweek』で世界に影響与える日本人としても紹介された。

これがキッカケで、日本のテレビ局からも多数のオファーがあり、徹子の部屋、行列ができる法律相談所など、人気番組にも出演させていただいた。

すべて、私の夢から生まれたことだ。今では、ブラザーでもあり、私の師匠の一人、中野博塾長には、中野塾ロサンゼルス校にて時読みやナインコード、帝王學など日本の學問や和魂を学ばさせていただいた。中野塾長は、今では私のかけがいのない盟友でありブラザーだが、これは**夢を追い求める同士の引力の出逢い**に間違いない！（知らんけど笑）

なお、私のサムライスピリットが実現するもがきのプロセスは、拙著『サムライスピリット』に書いてあるので、ぜひ、読んでいただきたい。

〈書籍〉『サムライスピリット』幻冬舎

神田瀧夢さんの「ここがすごい」

大女優エマ・ストーンと共演し、マット・デイモンとも友人。北野武映画にも出演するなど、経験豊富なハリウッドスター。彼が司会を2年以上勤めた番組は、ＴＶ界のカンヌとも言われるローズドール賞で最高賞であるゴールデン・ローズ賞を受賞。さらに、世界で活躍する日本人に選ばれた神田瀧夢さんの凄い点は、日本の価値を世界に伝える夢をコメディアンとしてスタートして、見事に役者としてもハリウッドスターになり、日本の価値を世界に広げた点だ！

NAKANO Yasuhiro

SNS名：NY_（エヌワイアンダーバー）

アーティスト

映像ディレクターとして長年経験を積み重ねてきました。アニメ制作や劇場予告編の制作、世界的なアニメ企業との業務委託契約を経験し、「トランスフォーマー／アドベンチャー」エンディング制作時には、監督、制作を務め、全世界配信も経験しました。

そんな中、ある時期から自分の中にイメージ、ビジョンが次々と湧き上がり、その圧倒的な量に私は体調を崩し、ついには病になってしまいました。当初はその病気の原因が分からなかったのですが、自分を見つめ直し、自分の中にあるものをよく観察する事によって、このビジョンをアウトプット、昇華する事が問題の解決のカギになると悟りました。

２０１０年、私は自分の中に湧き上がるビジョンをアートとして昇華すべく、映像制作の経験を生かした、映像の瞬間的な美しさを永続的なものにした、当時世界初のメディアアート〝動く墨絵〟（額縁に入ったエンドレスに動く絵）の制作に取りかかりました。

作品は主に〝墨〟と〝３ＤＣＧ〟を使用して制作する動画で、この制作方法は主に映像制作の経験から編み出したものになります。

ですが、この作品だけでは自分の作家としてのアイデンティティーは確立できていないと考え、作品表示アプリを独自開発し、額縁も独自開発、実用新案登録しました。この、作品、表示システム、特殊額縁の３点をもって、デジタルを物体化した新しい形の作品として作家性を確立させてきました。

しかし、そこまで作り込んでも、コピーが容易で立証、証明が困難であったデジタルアート作品は価値の保証が難しい為、販売は世界的に見ても難しいのが日常的でした。

実際、私自身も生活や精神的に支障が出てきたのもあり、一時アートから離れ、アニメの仕事に傾倒していきましたが、なんとかデジタルアート作品の販売に繋げる事ができる、画期的なシステムはないかとネットを中心に情報をかき集めていきました。

そんな中、２０２０年春先に、私は中野博さんに出会いました。出会うというよりは私が一方的に中野さんのYouTubeチャンネルを拝見しました。

当時もYouTubeを通して様々な情報を発信されていた中野さんは、まさに最先端の実業家であり、「この人なら私の問題を解決してくれるかも!?」と感じ、すぐに会員になりました。運命をこじ開けるには、多少行動的でなければなりません。

自分にしては珍しく、直接ご本人にお会いする事のできる機会に参加し、思い切って直接、このアートの問題解決方法を質問してみました。ですが、この問題は世界中のメディアアーティストが苦しんでいるような、あまりにも大きな問題でした。その時は流石に解決までに至りませんでしたが、そんな時でも中野さんに様々な提案と継続的な後押しをして頂き、非常に気持ちが楽になったのを覚えています。

翌年の２０２１年、事態が大きく動き出しました。

この年は日本におけるＮＦＴ元年と言われており、そのＮＦＴが日本で初めて大きく広がった年です。ＮＦＴとは簡単に言ってしまうとデジタル制作物に制作者や購入者、販売履歴などが記録として残す事ができるブロックチェーン上のプログラムで、デジタル作品の証明、立証に利用できるのではないかと言われている画期的なプログラムです。

これに気がついた私は、日本の中でもかなり早い段階でＮＦＴを私のデジタル作品の証明に利用するようになりました。中野さんと連絡を取り、私の状況を説明するとすぐに「応援する」とお言葉を頂戴し、一**気に作品を数点ご購入頂きました**。それは一つ一つが決して安価な作品ではなく、むしろ高価な作品なのですが、それを一気に数点お買い上げ頂いたのは、まさに本物の実業家の〝**行動力**〟だと感銘しました。

デジタル作品をＮＦＴによって立証した私の作品は、すでに少しずつ売れ始めていましたが、**中野さんによる作品ご購入により、それは一気に大きく動き始めました。**

2022年のニューヨーク　タイムズスクエアでの作品展示や、国立新美術館における初のＮＦＴを利用したアート展示などはまさにその相乗効果であり、今ではさらに大きな展開の前兆を見せています。

作家は、作品を購入して頂く事により生活が安定し、知名度が上がり、より一層多くの方々に作品を見て頂くことが可能になります。私や他のアーティストの方々の状況を考えると、**中野さんはまさに現代のパトロンのような役割を果たされている方**なのではないかと、私は勝手に考えてしまっています。

生きる上で必要のない物にお金をかける。これはなかなか出来ることではありません。ですが、**その余分なものが人生の余白として、思いもよらない新たな展開を生む**ことも確かです。私には分かりませんが、きっと中野さんはそこまで見越して行動されているのではないかなと感じています。

今後も作品を作り続けますが、これからも中野さんの先見の名に恥じる事のないよう、デジタルとアナログの中間、新しい価値の創造に挑戦し続けていこうと思います。

・ホームページ
hpppts://nakanoyasuhiro.jp

NY_さんの「ここがすごい」

NFT黎明期前から、メディアアートをコツコツと創作して、夢を形にして、お金に変える手段としてNFTを根本的に学ぶことでブロックチェーン技術までも学び、希少価値のアーティストになった。その結果、日本TOPレベルとなり、世界のアーティストとして、八面六臂の活躍ぶりに脱帽。

坂本洋平

和装専門店経営

「坂本さん、誰でも簡単に着れる、最高にかっこいい袴を作ってよ！」

この一言から、私の強烈な引力が働きはじめました。

中野塾長と出会ったのは、２０１５年。呉服屋を営んでいる私は、「呉服を世界に広めたい。日常の中に呉服文化を定着させたい」と夢見ていました。

しかし、現実はどうか？　呉服は思うように売れず、経営の資金繰りで悩んでいた日々。しかし、そこで、救世主が颯爽と現れたのです。それが、我らが塾長「中野博さん」でした。

当時（２０１５年）、経営の勉強をしたくて、都内で、リーダー学である「帝王学」を学んでいました。そこの学長が中野さん。勉強会後には、懇親会が毎回あって、中野さんの熱い夢のトークを聞くのが大好きでした。

そこで、偶然隣の席に中野さんが座ったとき、**最初の引力が働きました。**

「坂本さん、俺にカッコいい袴作ってよ。３分以内に、簡単に着れるやつ！」

最初は、「え？」って思いました。（笑）和装は着るのに時間がかかるのが常識的でしたので、３分で着れるのなんて無理だと。

そして、中野塾長は続けてこう言いました。「３分で着れたらさ、外人にも売れるよ！　彼らは和装に憧れは持っているけど、着る手間がかかるから着ないんだ」そう言ったのです。衝撃でしたね。さすが、世界を旅している中野さんだと思いました。

外人だけでなく、日本人もそう。着るのに時間がかかる。手間だと思うから、定着しない。そう、考えるようになりました。

じゃあ、**中野さんのためにも、自分の夢である和装文化を広めるためにも、やってやろうじゃないか。思い立ったら吉日ということで、すぐに行動**しました。

言われた翌日、「生地探し」に行ったときです。普段はあまり車通りのないところにタクシーが一台きました。パラパラと雨も降っていたので「ラッキー」と思い、早速乗りました。

「この辺に、生地の問屋さんどこかにあるかな?」そう尋ねたら、運転手さんが言いました。「私、半年前まで、生地問屋にいました」と・・・。

まじか!と思い、話は弾み、運転手さんのおかげで、素敵な生地問屋さんを紹介してもらいました。その日のうちに、生地問屋を探すことができました。決心もさらに強いものになりました。

そして、袴づくりは進み、2016年には、「3分で着れる、素敵な袴」が完成しました。中野塾長の力もあって、勉強会に参加している皆さんに着てもらったときは感慨深かったですね。**夢が現実になった瞬間でしたから、涙が出そうになりました。**

袴作りの一件で思ったのは、夢は抱え込んでいるだけではダメで、誰かに話すことで実現してくということ。私は、中野塾長に「夢」を話したことで、素敵なきっかけをもらい、世界中どこにもないオリジナルの袴を作ることができました。まさに、「**引力の法則**」です。

中野塾長は、「大きな夢を見たら、お金も人も寄ってくるよ！」といつも笑

いながら言ってくれるのですが、この言葉は、本当に夢見る人に大きなパワーを与えると思っています。

今では、全国の高島屋で「展示会」もやらせてもらっており、袴を全国に、その魅力を広めることができています。

今回、「夢と金は引力」の本にこうして書かせてもらっていることに感謝を述べるとともに、ぜひ、これを読んでくださっているあなたにも、大きな夢を描いてほしいと思います。

・ホームページ　Order Kimonoya Eizi
https://www.eizi.co.jp/
〈書籍〉『一流の人はなぜ着物を着こなせるのか』現代書林

坂本洋平さんの「ここがすごい！」

坂本さんは、「呉服業界を復活させたい！」「日本だけでなく、呉服を含めた日本文化を世界に広げたい！」というデッカい夢があった。そんなステキな夢に中野も「乗りたい！」との思いで、素人だからの発想でワンタッチ袴を提案した！　いまでは日本を代表する文化仕掛け人となった坂本さんの凄い点は、中野博のアドバイスを迅速かつ仲間を集めて行った点。デッカい夢が叶いやすい典型例だ。

小林龍人（りゅうじん）

サムライ書道アーティスト

僕がキャリアを重ねる上で、中野さんには、大変お世話になりました。そのことをご紹介させてください。

中野さんとの出会いは、２００９年頃。その後、中野塾とのご縁もあり、２０１５年、２０１７年の海外挑戦時には大変お世話になりました。

もともと海外に挑戦したいと思っていた僕は、２０１５年にミラノで開催される展覧会に出展できることになりました。中野さんにそのご報告をすると、主催されている勉強会の懇親会で僕の**海外進出支援のカンパを募ってく**ださったのです。

カンパに参加いただいた方たちには、当時、ミラノの展覧会出展に向け、何十枚、何百枚も書いていた（いわばボツにした）作品を裏打ちしてシワをとった状態でお渡ししました。

今でいうとクラウドファンディングのアナログ版のようなものでした。中野さんには僕の**予想を遥かに超える金額を集めて頂きました**。お陰で多額の支援金が集まったので、僕は**新たな挑戦をすること**が出来ました。

折角、これだけの資金が集まったのだから、当初予定がなかったＵＡＥでも書道パフォーマンス等活動してみたいと思い、周りの方にお声がけしました。（この経緯は長くなるので割愛しますが、ご興味ある方は著書「人生は宝さがし（サンマーク出版）」をご覧ください）

すると、ドバイ総領事館公邸や世界一大きいショッピングモールである「ドバイモール」にある紀伊國屋、そして、セブンイレブン社の中東初出展となるドバイ店のレセプションパーティーで書道パフォーマンスをさせて頂ける事になったのです。

セブンイレブンのレセプションパーティーには、そうそうたるＶＩＰが参加されていたようで、書道パフォーマンス後にお声がけ頂いたのは、江崎グリコの社長さんでした。この書道パフォーマンスは、２０１５年９月でしたが、僕が初めて人前で書道パフォーマンスをしたのは同年４月。それから毎月書道パフォーマンスをこなし、わずか半年後にはこのような大舞台でパフォーマンスさせて頂いたのは奇跡的だったと思います。**この挑戦が僕の転機となります。**

まず、ドバイ総領事館公邸でのパフォーマンスに同席してくださった方が、翌年、アブダビで開催される（文科省後援の）ＵＡＥ最大級の教育イベントに書道パフォーマンスの依頼してくださったのです。

このとき、アブダビ王室で教育大臣であられる殿下の面前で書道パフォーマンスさせて頂きました。そして、在ＵＡＥ日本大使館の食事会に参加、大使と交流でき、大使館主催のイベントでも書道パフォーマンスを致しました。帰国後、駐日ＵＡＥ大使館ともご縁ができ、駐日ＵＡＥ大使を表敬訪問しました。その翌年もＵＡＥ第三の首長国シャルジャの文化庁主催イベントでも書道パフォーマンス致しました。コロナ期間中もＵＡＥ（ＵＡＥでイベントを開催される日本企業）から複数問い合わせが来ました。

こうしてＵＡＥでの書道パフォーマンスにおいて、地位を確立することができました。ＵＡＥ挑戦が功を奏し、そのストーリーが面白いと評され、サンマーク出版より念願の出版を果たすことができました。

さて、話を中野さんに戻します。実は、**中野さんの支援はこればかりではありません。２０１５年にお金を募ってくれたばかりでなく、なんとミラノの展覧会会場まで足を運んでくださったのです。**この展覧会のオープニングセレモニーで書道パフォーマンスさせて頂いたのですが、その写真には中野さんの姿も写っています。ただ、お金を募ってくださるだけでも嬉しいのに、応援にミラノまで駆けつけてくれるなんて格好良すぎじゃないですか（笑）

重ねて説明するまでもないと思いますが、２０１５年に中野さんが出資を募ってくれなければ、ＵＡＥに挑戦しようとさえ思わず、僕のメインの活動実績となるＵＡＥの挑戦はできませんでした。念願の出版も出来なかったことでしょう。

中野さんやドバイ総領事館公邸やセブンイレブン初出店パーティーなど繋いで下さる方と出会えたのは運がいいけど、自分にはそんな運はないと思われている方がいるかもしれません。違うのです。僕も２００５年頃から身銭を切って、数々の勉強会、セミナー、講演会に参加してきました。総額４００万円は使っているはずです。「自己投資」です。**自分の可能性を信じ、自分に投資し、いろんな会に前向きに参加する事で、ご縁が出来、運を引き寄せることができるのだと思います。**

最後に、皆さんご存知ない人もいるかもしれないですが、中野さんの風景画は、素晴らしいですよ。確かベネツィアだったかと思いますが、あの絵は素敵でした。中野さんいつか個展開催期待してます。

・インスタグラム
https://www.instagram.com/ryujinartist
・ホームページ
https://www.ryujinjp.com/

〈書籍〉『チャラリーマンだった僕が人生は宝さがしだと気づいたら、世界に羽ばたくサムライ書家になっていた。』サンマーク出版

小林龍人さんの「ここがすごい」

ストリートパフォマーから、皇族系の勲章を受賞するほどの文化人にまで昇華した書道家は、てっちゃん（龍人）しかいない。10年ほど前、夢はデッカいが金がない書道家だった彼に相談を受けた時は、ここまで凄い結果を出すとは予想しなかった（笑）。私が初めて起業家以外で応援したアーティストで、ミラノ万博を契機に世界の人気書道家になり、夢を叶えた文化人。この試行錯誤と悩みを乗り越えてきたプロセスを描いた彼の本は泣けるよ。

ルーク倉石（倉石灯）

和魂伝師

私は１９８４年にアメリカへ渡りました。渡米当初から「日米の懸け橋」となることが人生のテーマでした。

テキサス州ダラスの大学院にて経営学を学びながら、アジア系の旅行会社を経営し、ロサンゼルスに移り三井不動産のグループ会社で米国商業不動産の小口化商品を日本の投資家向けに販売し、会社として総額約２００億ドル分の不動産を証券化しました。その後、バブル崩壊後に独立し、日米間でアニメーションを始めとした小口化手法を使った様々な事業に携わってきました。

気がつくと日米で同時に十数社の取締役を務め、日系複数の非営利団体の役員・理事としてコミュニティに貢献していました。

２００５年には日本で自らが代表を務めるリラクゼーションの会社を株式公開し、２０１０年にロサンゼルスにて近鉄グループの都ハイブリッドホテル内にて岩盤浴併設の高級スパを開くことになりました。

ロサンゼルスでは１９９２年から別の日系ホテルにも関わっており、２０１２年にロサンゼルスにて中野博塾長（以下、塾長）のセミナーに参加したのがご縁のスタートです。

当初、中野塾長はロサンゼルスにて出版塾をされましたが、当時の私は出版に全く興味がなかったので、塾には数回顔を出した程度でしたが、塾長が提唱する「**和魂洋才の学問を礎（いしずえ）**として世界をけん引していく力になろう」という理念に賛同し、塾長が２０１４年４月に「信和義塾大学校ロサンゼルス校」を世界で初めて開校した際には第一期生として入塾しました。

信和義塾大学校では年に二回、世界サミットが開催され、京都・奈良研修も度々開催されました。２０１６年11月に参加した同研修において、最後に訪問した**法隆寺の夢殿**にて自分が実現したい夢や目標を頭の中でイメージした際、自分が事前に用意したビジョンと全く異なる３Ｄイメージが跳ね返ってきたのです。

それは鮮明かつ強烈なイメージで、ダラス経済圏に創った善光寺別院を核とするジャパンタウン（門前町）のリアルなイメージでした。

時に私は57歳。塾長のお蔭で50代にして天命を知った瞬間でした。その後、トントン拍子で周りが動き始め、同じ年に善光寺の責任役員を務める中学の同級生から突然に別件で連絡があり、出版社からテキサス関連の書籍出版オファーが舞い込んできました。

書籍に関しては、2018年に塾長と二作目を出版し、2023年に塾長他とテキサス三部作完結編を世に出すことができました。三部作目は、未来生活研究所から「テキサスにZenCozy」を出版。塾長から教えられてきた、和魂を広める決意をさらに固める一冊になりました。

2018年1月には塾長から、**情報発信で自身のブランド力を高める**ように言われ、毎日ブログの発信を始めました。

2020年夏に塾長から、これからはユーチューブの時代だと言われ、喋るのは苦手な私ですが、ひたすら毎日、動画と文章の発信を実践しました。最初の頃は動画再生回数は一桁二桁が当たり前でした。それが、その年の暮れに娘と一緒に撮った動画から必ず三桁は視聴回数が行くようになりました。

年が明けて塾長からアメリカの大統領選挙に関して発信するように勧められ、それらの動画を塾長が推薦してくれたお蔭で、何とチャンネル登録者が短期間で一気に1万人を超えてユーチューブパートナーになれました。まさに、引力体験でした！　同年４月に長野市内を歩いていると、若い男性の視聴者から「ルークさんですか？」と声を掛けられ、それがご縁で翌月から長野にて定期的に勉強会を開催するようになりました。**塾長から言われたことを素直にコツコツと継続していったことで、自身のブランド力が高まっていくことを実感するようになりました。**

２０１７年から、「和魂ハウス」という塾生のみを対象とした私募債を組んでテキサスの不動産への投資・運営をおこなっています。全米で最も注目されているテキサスの不動産に小口で関われることは、海外不動産投資の経験がない塾生にとって良い経験となり、とても喜んでいただいています。今後は和魂ハウスの発展形で、善光寺プロジェクトへ塾生の皆さんも参加していただこうと夢を膨らませています。

塾長との付き合いは10年を超えましたが、**塾長から言われることを素直に実践して継続していくことで、自身の「引力」がグイグイとパワーアップしていくことを実感しています。**

そして自分の天命を知り、その実現に向かって様々な壁を乗り越えていくためにはパワーアップした「引力」が最強の武器となっています。塾長とは会うべくして会ったわけですが、本当に塾長とのご縁を感謝しています。

・YouTube ヒト・モノ・カネをテキサスへ
https://youtube.com/@WAKON

・ホームページ　和魂リアルティ
https://wakonUSA.com
〈書籍〉「テキサスに ZenCozy ～善光寺」未来生活研究所

ルーク倉石さんの「ここがすごい」

中野が日本文化を世界に広げて、日本文明時代を創ろう！との夢に共感していただき、ロサンゼルスの日本人を束ねてくれた恩人ルークさん。彼の凄いところは確実にやり遂げる忍耐力と努力の達人だというところ。しかも明るく楽しく、仲間を集めながら夢を形に変えていくプロ・ドリーマー。実は中野と誕生日が同じ7月29日で729（七福神）仲間。

山下真姫子（まきこ）

カナダ・バンクーバー在住
レストランコンサルタント・飲食店マネージメント

運命の出会いは、７年前の２０１６年。偶然対応した電話が、その後の人生の師となる中野博先生との出会いに繋がるとは、その時は思ってもみませんでした。

当時「信和義塾大学校」の講義と、次年度の参加者に向けた講演会のためにバンクーバーに訪れていた中野先生。バンクーバーは北米の中でも日本食の人気が高く、日本食レストランが無数にある中、私が働くレストランをご予約下さったことが始まりでした。

ご予約当日、「先生」と呼ばれて店内に足を踏み入れた中野先生は、驚くほど明るく気さくな方で、拍子抜けしてしまいました。「先生」と呼ばれる一番元気な方が、一番お若く見えたからです。正直なところ「えっ、この陽気なお兄さんが先生？」と。

お食事の席では、会話が盛り上がっていることは明らかでした。長くサービス業に従事して参りましたので、内容がわからなくても（何なら言語がわからなくても）、そのテーブルの雰囲気や、盛り上がり具合は自然と見えます。

特に印象的だったのは、参加者一人一人がとても生き生きと話していたことでした。どうやら、**中野先生が上手く参加者それぞれに的確なタイミングで話の矛先を向け、且つ全体の会話が驚くほど円滑にまとまっているのです。**

会話のテンポの良さは、**中野先生の的確なツッコミ技術**によるもので、全ての話を面白いものに変えて、飽きることなく話がまわっていく様子は、さながらバラエティ番組でした（笑）。

中野先生が発言をされる時には、うっかり引き込まれて足や手を止めてしまうので、はっとする瞬間が何度もあったくらいです。

実際には、私の興味アンテナ全開の様子は全く隠しきれていなかったのかもれません。その場にいた生徒さんに、翌日予定している講演会があると教えてもらい、急遽参加。晴れて塾生となれたのです。

中規模で知名度の低いレストランの一フロアマネージャーだった私が、**中野先生との出会いを果たせたのは、強い引力があってこそでした。**この2016年、ナインコードで九紫の私は「陽二年の三碧の部屋」の年。**インスピレーションに素直に従い即決したことも、功を奏したのだと思います。**

晴れて後の「中野塾生」となった翌２０１７年から、目まぐるしく変化がおきていきました。

中野先生からの教えのおかげもあって、系列店のスタッフの育成と管理を任せられるところに始まり、翌２０１８年の2月後半から、店舗のトップとしてＧＭの職位につきました。そこにラウンジの営業も新たに加わり、２０１９年には市内の大学エリアの開発担当の方からのオファーで、私の管轄での初の2号店の話が決まりました。

２０２０年はコロナウィルスが世界の流れを変える年になり、今までとは勝手の違う運営方法を模索する、過酷な一年になりました。コロナ禍真っ只中に開店したお店も軌道にのり、エリア内の別店舗の再構築も兼任し、最大三店舗を統括するＧＭとなりました。

経験が浅い中続けてきた店舗運営も軌道にのり、マネージャーという仕事の本質が以前よりは見えるようになってきた２０２２年。コロナ禍での損失を回収しようと躍起になっている社長との間で、今後の営業方針の齟齬に直面します。損失の回収にあたり、社長は長く働いていた４名のマネージャーを降格または解雇処分とし、赤字だった店舗に追加融資として新たな出資者を加えるなど、大掛かりな対策を取りました。そんな中、私は僅かな昇給で業務が大幅に増え、過剰勤務状態となっていきました。大きく体調を崩したことも後押しし、この会社での先行きの不透明さから、２０２２年中にＧＭの職位を辞することを決意したのです。

現在、ＧＭとしての職位は無くなったものの、社長からはコンサルでの仕事の依頼を受けています。前職位から解放されたと周知されたことで、他店でのコンサルや、異業種での通訳や仲介の話が舞い込んでくるようになりました。その流れで、かねてよりの夢であったライティングのお仕事も頂けるようになり、最近では地元の方から、日本語の作詞の依頼などがくるようになりました。７年前の私からは、想像もできない世界です。**これも中野先生と出会ったことによる引力の教えでしょうか。**

私にはまだ大きな資産はありませんが、中野先生とお会いした頃に抱えていた、「この先どうしよう」という漠然とした不安は微塵もありません。２０２３年は私にとって充電の年になりますが、この先を計画するためにちょうど良い時期にあります。**今まで全力で取り組んできた仕事のおかげで、そこから派生した繋がりが、私の財産**として今のこの充電中の生活までも支えてくれています。

「中野塾」の塾生として中野先生の足跡を辿るうち、不思議な引力に導かれて今があります。先９年を想像すると、楽しくて仕方ありません。

山下真姫子さんの「ここがすごい！」

中野が日本文化を世界に広げて、日本文明時代を創ろう！との夢に共感していただきバンクーバーの日本人を束ねてくれたマキちゃんは、今では中野塾の世界メンバーの代表。今後、持ち前のバイタリティと明るさと賢さを武器に、大きな夢を叶えるマキちゃんに期待。

Yuko Milo（ゆうこ＝マイロ）

ニューヨーク在住　飲食業経営　retail sales professional
NY Italian mafia と結婚していました Yuko です

私の夫の Family は xxxx 家と言い 1920's の裏社会のギャンブルの簿記をしており 70's -90's にかけては、ゴミ会社を営んでいました。

私が彼に出逢ったのは、20年以上前の２０００年です。ＮＹＣに移住し、ハチャメチャな人生を送っており心の中で助けを求めていました。30歳以上年上の夫に出逢ったのはそんな時でした。早くに父親を亡くした私にとって彼はこれからの私の人生を大きく変えてくれた運命の人でした。

私がＮＹＣでカラーリストのアシスタントとしてとあるサロンで働いてい

るのを目撃し一**目惚れ**だったそうです。私はそんな事これっぽちもしらず、友達の働いているサロンに遊びに行ったサロンが偶然にも彼の経営していたサロンでした。

全く何も知らず彼のサロンにお邪魔すると、彼は幾つものチュッパチャップスを出して"Would you like to have a Lollipop?"、その次には映画のWorking Girlの有名な台詞で"Do you want to have a coffee, tea or me?"とチャーミングに聞いてきたのを覚えています。彼の気持ちなど全く察知せず、彼のサロンで働き初める事となり様々なドラマが繰り広げられました。

その彼、元ＮＹ**イタリアンマフィアを夫に持ち**、アメリカ永住権を取得し大手企業に就職出来たのも彼のおかげです。移民がただ簡単に普通の生活基盤をＮＹＣで出来ることは、とても大変で、挫（くじ）ける人が殆どです。

特に**NYCは競争の激しい都市で成功するか失敗して堕落するか**の二択です。彼のお陰で upper class の community とも人脈を広げていく事ができ、一人の人間として異国で生きていく事の大変さ、責任、金利の管理、アメリカ人なら普通に馴染みのある事をおそわりました。

夫とは20年程結婚しており、その間にまるで映画の様な事もあり今では笑って話せるほどです。元マフィアだった事もあり、肝が座っていてＦＢＩが来た時も全く動揺せず、逆に私がＦＢＩに撃たれるのではないかと思った事もありました。彼から普通一般人が経験しない事を沢山経験させて頂き、これも私にしか受け止められない事だと思い**私が引き寄せた引力**だと受け止めています。34歳上の人と東京―ＮＹＣの距離またこの二つの大都市からお互いに引き付けられたのも深い意味があると思います。

２０２０年パンデミック中、ＮＹからYouTube経由で中野先生に出会い、ＮＹ在住の私の人生に大きな影響を与えてくれました。そんな中、20年以上一緒にいてくれた影響力max、最愛の夫を突然死で亡くしＮＹＣで一人ぼっちになり、二年近く何もかも手につかず途方に暮れていた日々、今になってつくずく彼が私に与えてくれた力は言葉に表せない程強い物だと実感しました。

そんな時に少しずつ前を向いて歩き始める事が出来たのは、２人の思いが籠った立ち上げたばかりの会社があったからです。**中野先生から、時を知れと言う事を教えられ、**何時かこんな日が来ると予想していたので心の準備、会社立ち上げの準備をしていました。

時読みで２０２１年は今迄に経験した事のない程辛い出来事があると言われ、もしやと思っていた矢先の出来事で、正直もし**中野先生に出会っていなかったら**、メンタル的にどの様に私はこの一生のうち一番辛い事を乗り越えていたかとぞっとします。夫の人脈のお陰で、この辛く暗い先の見えない所から彼の兄弟、親友など数え切れない程の方々から助けを頂きました。

夫の他界から2年がたつ頃、20年以上夫に守られながら暮らしていた頃の人脈とは違い**もっと広く上を目指さなければと思い、勇気を出し一人でアメリカの政界のpartyに参加しこれもまた素晴らしい引力の力が働きました。今思うとよく一人で参加したと思います。何時、どの様に、タイミング、など、行動力、実践力を中野先生に教えてもらったお陰**です。

大物議員、Think Tankの役員などの方々との人脈が広がり今迄私の人生において立ち入った事の無い世界に足を踏み込んでみました。第2の人生の幕上げの様な気もします。Think Tankの会議に参加させて頂いており内容はとても難しいですが、この世界の中の方々から沢山影響を受けています。今迄のハチャメチャな人生の中で今が一番勉強し、そして一番忙しいです。

毎日毎日ひたすらに願い信じてきた事が少しずつ近づいてきて今は仕事、自業、政界のイベント、Think Tank の勉強会など毎日が信じられない程目まぐるしい日々です。やっと生きていると実感します。**中野先生に出会えたお陰で2年前の人生最悪の時を乗り越える事が出来き、物凄く強くなりました。**

時間のマネージメントをする事も出来る様になり、自分を信じて上を向いて positive に生きていく事、それが良い引力の力を引き起こすのだと痛感しています。今もこの文章を書いている時間も通勤の間に電車の中で書いています。どの様に無駄な時間を有効に使うかそれが今私には必然です。アンテナを張り出すと人との出会い、自分にとって positive か negative とした線がハッキリ見えてくる様になりました。幾ら様々な会食や party に参加しても繋がらない者は繋がらない。**それも時間のマネージメント。**

Positive、happy な方々といるだけで良い引力の力が働いている事を実感し

ます。良いエネルギーは人を寄せ付けてくれます。人から必要とされている事、それが生きていくうえで最も大切な事だと思う様になりました。

これからの私の夢は〝どの様に品のいいお金の使い方ができるかどうか〟です。〝全て真剣に取り組んでいるが、でも助けが必要な人への手助けが出来る人〟の様になれる大物人物になれる事を目指しています。その為には自業を成功させなければなりません。

Positive なお金は Positive な気から入ってくるとつくずく実感しています。

・ホームページ「YUKO U.」
https://yukoupurebites.com/

Yuko さんの「ここがすごい！」

映画『ゴッドファーザー』の世界から飛び出して来たような華麗なゆうこちゃんは、ニューヨークの表だけでなく裏側も知り抜いているほどで、中野のニューヨーク特派員＆中野塾の世界メンバーの代表。今後、彼女が大きな夢に向かって、中野を含め、仲間たちを巻き込んでいく数々のプロジェクトにワクワクだ。

森本貴義（たかよし）

アスレティックトレーナー　スカイフェニックスジャパン代表

今から30年前以上になりますが、高校生活時代の競技生活での怪我の経験がアスレティックトレーナーという仕事を選ぶ大きな理由のひとつになりました。

中学生活時代には京都代表選手で全国大会、ジュニアオリンピックに出場し、高校生活でも高いレベルで陸上競技能力を開花したいという希望は、度重なる怪我で打ち砕かれるのでした。自分が経験したような辛い思いを選手たちにして欲しくないという理由から、自分の将来の仕事をトレーナーに決めました。

その当時は、**今のようにトレーナーという仕事の職域が少なく、社会的にもまだ認知がされていませんでした**。どのような経路でその職業につくことが分からない時代でしたから、当時プロスポーツではまだ組織的にトレーナーという職業が構成させているプロ野球球団のトレーナーを目指すべく、そのプロ野球球団でトレーナーをしている方々の取得している準医療資格の鍼灸師を目指したら、**その夢に近づくのではないか?という作戦を立てて**、医療大学に入学し勉強を始めることになります。

目標、目的をもって入学しているものですから、他の生徒とのモチベーションや考え方のギャップに戸惑いながらも学びを進めていきました。その時の勉強法は、講義で学んだことを自分が実際にトレーナーとして働いているということに設定しながら学ぶものでした。

今日学んだことを実際のトレーナーであればどのように使えるのか?とい

う問いをしながら進めていくものでしたから、授業を受けることもとてもリアルに感じながら聴講できましたし、自分の将来のための学びであることがわかっていましたから、テストの為だけの勉強をしなくても落第点を取ることはありませんでした。

鍼灸師は国家資格試験に合格しなければいけませんので、生徒全員がその国家試験に合格することを第一の目標として勉強しているのです。

私はその点、**違った物の考えや違った行動をしていた**と思います。もちろん、大学を卒業した後、自分が理想としているプロ野球の球団で働くことを約束されているわけではなりませんし、その学びの方向性が正しいかも分からない状態での大学生活を送るわけです。

しかし、そのような**不安を持ちながらも心の深い部分で「私はプロ野球球**

団のトレーナーになる！！」という強い思いを持ち続けていて、大学での授業、社会人チームでのインターンシップ、病院での医療補助のアルバイトを行う上で、**あたかも自分がプロ野球球団で働いているトレーナーとしてシュミレーションしながら生活**することをしていました。

そう、まだそのプロ野球球団で働いていないにも関わらず、**もうその球団で働いているかのように、その中で必要とされることや実際行われるであろう選手たちとのトレーニング、治療、コミュニケーションを想定しながら**学生生活を送っていました。

イメージトレーニングというものがありますが、私はまさに大学生活を自分の将来の夢を毎日見ながら、その準備や行われるであろうことをイメージすることで日々の学習の積み重ねと将来の不安の2つを同時に自分の努力の糧としていたと思います。

その後、**オリックス球団の面接試験でも自分の考えや経験を踏まえて、イメージどおり受け答えできましたし、結果、何十倍の倍率をクリアして一番若年者の私が仕事を取ることができました。**

実際にオリックス球団で仕事を始めることとなった時はかなり早い段階で仕事を覚えることができましたし、10歳以上年の離れたトレーナーの先輩たちにも多くの学びをいただきました。

そして、**その仕事を実際に得た時をイメージした立ち振る舞い**、それらを通して自分に自信がもて不安のなかでも目の前の最善の行動に集中できたように思います。

毎日の自分の仕事のイメージを通して、その中での準備を通して日々の学習ルーティンを作って行ったことが結果、学生時代の夢であったプロ野球の

球団に入り、仕事ができましたし、その後、次の夢であったメジャーリーグで働くことに繫がったと思います。

さて、中野さんとは昔からの付き合いで、私が仕事や道に悩んだとき、よく飲みながら話を聞いてもらっています。同じ著者仲間ですし、中野さんと話すと、元気と勇気をもらうことができます。

中野さんを慕っている人は多いと思いますが、これは**中野さんの引力に引っ張られているから**ではないでしょうか。まだまだ、夢の続きは現在も続いておりますが、これからは中野さんと一緒に、中野さんの提唱する「**こども新党**」で実現していこうと思います。

〈書籍〉『応援する技術』共著/ワニ・プラス『新しい呼吸の教科書』共著/ワニ・プラスほか多数

森本貴義さんの「ここがすごい！」

あのイチローとはオリックス時代、シアトル・マリナーズ時代を一緒にプロ同士で活躍した森本さんは、プロ野球だけでなく、プロゴルフやオリンピック選手らにも指導にあたる日本を代表するアスレチックトレーナー。今後は、森本さんともいっしょにこどもの夢を叶え、未来を作っていくよ。彼のすごい点は、世界の頂点のアスリートを指導しただけでなく、カリキュラムづくり、環境のつくり方、教育にも通じている点だ。

林将一

株式会社エッセンシャル代表

僕は、**安全保障・危機管理学会に所属**していることから、コロナ発生時に誰もが体験した、危機的状況になった場合に**『必要としているものが必要としている人に届かない』という問題点に着目し、解決したいと考えました。**

そうして、今まで培った知識、経験、人脈を駆使したEssential Shelfプロジェクトがスタートしました。Essential Shelfプロジェクトは、出品が無料のECサイトと、デジタルが不慣れなアーティストも出品ができるサポート付きNFTマーケットプレイスに、それらを盛り上げるコミュニティが存在し、それらが活性化されることにより、参加しているコミュニティにも利益が分配される次世代型プラットフォームです。

時代はブロックチェーン・分散型・トークンベース経済などの要素が取り入れられたWeb3となり、組織体もDao化されつつある中、Essential Shelfは正にそれに近しい仕組みを取り入れており、関わる全ての人が『危機管理、社会貢献、自分を楽しむ』を体験できる相互扶助プラットフォームといえます。

そして、信念を持ってスタートさせたプロジェクトは、僕の使命となり実現必達の夢となりました。とはいうものの、この業界だけに限らず、裏切り、騙しなど、ビジネスにおいて、信用していたものが大きく崩れてしまうトラブルはつきもの。

そういったトラブルを受けて足が止まりそうになった時、スタッフから声がかかりました！「会っていただきたい方がいるんです。」今思えば出会うことさえ引き寄せられたのかと思うほど。

自慢ではないけれど、僕にはある程度、営業能力があると思っています。自動車販売ディーラーでのトップ売り上げ、外資、日本の保険営業もそれなりにこなし、人脈もこれまで培ってきたので人並み以上にありました。それなりに多くの人達にも関わってきました。だからこそ、スタッフのその言葉に引き寄せられたように思い、まだ会ったこともない中野先生への興味が湧いたのです。

とあるホテルのラウンジ。赤いバックに赤い靴。明るいオーラも感じ、一目で中野先生だとわかった。僕は誰と会う時も殆ど緊張はしない。むしろ楽しみしかないのかもしれない。しかし、その時は、これから起こっていく事の大きさなんて知りもしなかった。

僕が今まで会ってきた多くの人達とは全くの別格だった。プロジェクトの構想、目的、僕の信念を語らせていただき、先生はただ一言「いいじゃない」と。

その後「僕は何をしたらいいの？」と、こちらが戸惑うほどの急展開。今思えば笑い話だが、これが先生に出会った瞬間で僕の夢が大きく動く光でもあった。

勝手なイメージかもしれないが僕の考えはこうだった。**夢を追うだけではお金は稼げない、**お金を稼ごうとすればいつのまにか夢をあきらめてしまう。勿論、夢を叶えて成功すれば両方とも手に入れることはできるのだろうがそれはほんの一握りだというのが現実かもしれない。しかし、**信念は絶対に曲げてはいけない。**

中野先生と初めて会った日から数ヶ月が過ぎ、僕はまた驚かされる。投資セミナーの特別講師として招かれた時だった。**そこには僕と同じ様に先生の何かに引きつけられた多くの生徒さん達がいた。**ここに居た人達もいわゆる一般人というよりは、それなりの格の人達だと感じた。セミナーでは、その生徒さん達からも賛美を受けることもでき、僕の使命感と共に始まった夢に協力もしてくれる人達と出会うことができた。**僕の構想〈夢〉の中にはコミュニティ、いわゆる仲間も必要だった。先生と出会ったことで夢も、それを叶えるお金も、一歩前に進むことができただけではなく、僕の場合はそれに踏まえ仲間もできたのだ。**

「僕はね、事業計画書を見ただけでは、投資は決めない」ここは先生の地元の割烹料理店で二人きりの空間。先生は続けた。「そのプロジェクトの社長と話をして決めるんだ。林くんもそうだよ」とても嬉しかった。

これまで多くの人に出会ってきたが、僕は思った。僕**の夢を実現するために、先生に引きつけられたのだと**。

近い将来は、僕が何らかの力を発揮できればと思っています。凄い方のはずなのに、否定せず、柔らかく、とても人間味がある偉人である中野博先生に。

・YouTube（6月より開始予定）
https://www.youtube.com/channel/UCK3JL8Vl_deVXh0dCG42Sg
・ホームページ
https://essential-inc.com

林将一さんの「ここがすごい！」

WEB3.0 時代の経営者が林社長の印象で、パレスホテルのレストランで、未来の夢に溢れた構想を聞いて一発で投資を決めた！　彼は夢を具体的にビジネスに落とし込む知恵と忍耐力があると確信したが、見事に花を咲かせている実力派だ。

伊藤公一（きみかず）

事業家

それは、You-Tubeを見始めて、数年経った時のこと。当時、ある政治学者の元、アメリカ大統領選挙について、その行く末を見ていた。投票まで8ヶ月となったある日。

私が師事していた先生は、「ドナルド・トランプVSヒラリー・クリントン」の戦いを制するのは、「トランプ」だ！と断言していた。それは、見事に的中した。しかしながら、その4年後の大統領選挙では、そのトランプ大統領は、様々な理由で敗退した。

私の先生は、トランプ大統領二期目の大統領選挙では、様々な画策で、民主党が勝ち「ジョー・バイデン」が大統領になるだろうと、その原因の数々を指摘していた。アメリカでそんな事が実際に繰り広げられるとは、疑問に思っていた。

そんなとき、同様の考えを示していたのが、「中野博」さん。後に、私が（勝手に）師匠と呼ぶ人です。彼は、YouTubeで見事に、その話題でバズって話題をかっさらっていた。中野さんは、私の先生と同じような意見であったため、とても興味が湧いた。なぜ、そんな事がわかるのか?と。

その後、中野博さんのセミナーに参加する事を決めた。実際に出会い、中野博さんとは、出身が同じ県であった事から、親近感が湧き、なんとなく仲良くなれた気がしていた。

中野博さんは、夢を熱く語り・人を引きつける。そして、その夢を実現している人だった。私も、そんな彼の得意分野である、お話（語り）が上手くできる人になりたかった。側でみていて、憧れだった。

実は、後で知ったのですが、中野さんが開発した「ナインコード®」と呼ばれる、人間の性格が九種類に分類できる本を読んだ。**自分の特徴を調べたところ。「人を言葉で楽しませる事で、周囲を幸せにする事が、自分の役割」ということを知った。**

それは、私が中野博さんに憧れる、「人を言葉で楽しませる」その部分である。そこを深掘りする事で、自分にとって、新たな自分が発見できると感じた。そこで、彼の主催するセミナーには、できるだけ参加した。苦手だった懇親会にも積極的に参加した。

実は、セミナーにおいて、**最初は質問や発言する事を、苦手としていたが、**

無理矢理当てられることで、自ら質問をし、発言もできるように変化していった。また、懇親会でも、急に無茶振りで、ステージに立ち話をするように、言われたことも。なんとかこなして行く内に、自分に少なからず自信が生まれた。

先月ある会社の開所式に招かれ、来賓スピーチを依頼された。以前であれば、そんな場に出ることさえ躊躇しただろう。ましてやそのスピーチが喜ばれるなど、あり得ない。しかし、**そのスピーチは大成功だった。**

それは、中野博さんに様々な場面で、登用され、できるだけ「YES!」**と言ってきたおかげだろう。**いつも、気遣っていただき、様々な役割を与えて頂けた事、感謝している。そのお陰で、今の私があると感じている。

お陰様で、４月の**スピーチが成功したおかげで、**（もちろん、弊社社員の不断の努力があってです。ありがとう。）**何千億の企業である会社の社長・会長ともお話でき、**次回の仕事にも参加させて頂けそうだ。

夢とは、意外にも明確になっていない。私はそうだった。言葉を明確にする事が、苦手だった過去の自分。思いはあるのですが、小さい頃から自分自身の言葉を持たない私。そんな私が、以下の事を知りました。

「言葉ではっきりと表現できる事が、自分の脳を活性化させる。実現能力が発揮される」自分の夢は「周囲の人を自分の言葉で幸せにする事」、そして自分の会社の最大のテーマは「お客様のお困り事を、理解し、それを解決する事」。

両方とも、言葉をきちんと明確にして、相手に伝え、その上で、相手も自分も幸せになれる事。それが、会社の場合は事業。我々の事業でお客様が幸せになれば、きっとそれが対価となる。まだまだ道半ばだが、それを実現しかけている実感しつつあります。

いろいろな、問題が目の前にあるが、それも、言葉をきちんと明確にして、問題を乗り越えたい。自分の頭の中だけで、無意味に考えていた自分から脱却して、明確な言葉にして、それを**周囲の人に「伝える」ではなく「伝わる」ように話す**。伝われば、相手が少しづつ理解を始め、解決に結びつく。

言葉を明確にする事で、周囲の人やお客様の夢を実現するきっかけとなる事。それは、対価「お金」だけではなく、対価以上の「幸せ」に繋がる事と感じている。

中野博さんとの出会いは、**私に言葉の重要性を知らしめ、その表現方法を教えていただいた**。まだまだ未熟ではあるが、日々、自分に言葉を考えさせ、中野博師匠に、近づけるように生きていきたい。

今の私は、人との出会いで、相手を幸せにしたいという夢がある。それは対価へと繋がる「引力」となっている。

私にとっての、「**言葉を明確にすること」それが「夢」となり、そして、「対価」と「幸せ」を結びつける「引力」になっているのだ。**

自分の言葉で語れるようになれるきっかけをくださった、中野博師匠に、改めて感謝をお贈りしたい。

・YouTube 伊藤産業株式会社 U-tube
https://www.youtube.com/@u-tube9169/videos

伊藤公一さんの「ここがすごい！」

日本のラグジュアリーホテルに高級家具を提供する経営者である伊藤ちゃんは、中野の弟子になるのでは？　と言うほど中野のすべての講座に参加する学びの達人！　実力派の学び力と成長力には脱帽だ。

末岡由紀（すえおかよしのり）

日本人トップ１％大富豪

中野さんとの出会いは、講演家である鴨頭嘉人さんのセミナーがきっかけでした。

セミナー会場で「あ、あの中野さんだ！」だと気づき、休憩中、僕から中野さんに話しかけたことから全てがはじまりました。

元々、バリの兄貴（バリ島の有名な方）から中野さんの話は聞いていて、「帝王学」の本を薦められて読んでいました。この帝王学は本当に学びがあって、日本人の精神性の素晴らしさや時を読む重要性を知りました。僕にとって衝撃的な内容ばかりだったので、夢中になって読んでいたのを今でも思い出します。

その後、「もっと中野さんから帝王学を学びたい」という意識が芽生え、【中野塾】に入りました。一年少し学んだのですが、中野さんの講義は非常にパワフルで、毎回、心が熱くなっていました。

中野さんは世界の仕組みや歴史にマクロで詳しいので、戦時中の話や、戦後、ＧＨＱが日本に仕掛けた（教科書には絶対に載っていない）裏話などは興味深く聞いていました。

日本人が忘れてしまったもの、奪われてしまったものを「どうしたら、取り戻せるか？」。中野塾の仲間とグループで話し合う時間も、たくさんの気づきをもらったと思います。

他にも、「時読み®」や「ナインコード®」は自分のこれからの正しい行動指針を示してくれたので、非常に感謝の気持ちでいっぱいです。

言霊というのがありますが、中野さんの言葉はいつも熱があって、聞くと元気になれます。「よし、やるぞ」という気持ちにさせてくれるので、中野塾は僕にとってのカンフル剤にもなっていました。

中野さんから学んだことで、僕にとって大きな変化もありました。

今までは地方とか地域とか、そんな小さな単位で物事を考えていたのですが、「もっともっと大きな単位で物事を考える癖」がついたことです。人類代表、日本代表として何かを世界に発信していきたい。そう、考えるようになったのが大きな変化だったと思います。

こうした思考の変化があったからか、中野さんから出版関係の人を紹介していただき、２０２３年4月、念願の2冊目の書籍も出すことができました。（お金の引力：サンマーク出版）

「本を出すと、世界が変わるよ！」と中野さんから聞いてはいましたが、出版がきっかけでたくさんの素敵な出会いもあり、このご縁をくれた中野さんには感謝の気持ちでいっぱいです。

中野さんに出会って、自分にも引力が働いたのでしょうか。人類に！　世界に！　と大きな単位で物事を考えるようになって、音楽活動や映画制作を通じて、世界とつながりを感じるようになったのが本当に嬉しく思っています。

今度は、自分も誰かに「引力」を作動させてあげられるように、中野さんの生き様や行動を見習っていきたいですね。

もし、本書を読んでいる人で中野さんから元気をもらいたい、引力を授かりたいと思っているなら、僕のように「中野塾」に入ってみてはいかがでしょうか？　必ず、素敵な学びと気づきを中野さんはくれるはずです。

・公式 LINE
https://lin.ee/5w75fak

・ホームページ
https://youtube.com/@Lets-ft9qo
〈書籍〉『お金の引力　預金残高３９１円の僕が資産10億円になれた』サンマーク出版社

末岡由紀さんの「ここがすごい！」

日本のロバキヨがレッドカーペットを歩くミュージシャンに？　すえちゃんの夢はいつも人を魅了してワクワクさせてくれるしカッコイイ！　彼のようなステキな大富豪が次々と出てくれれば、日本の未来はキラキラ明るい！

米田　創（よねた　はじめ）
（寝具店経営）

私の中野先生との出会いは２０２０年、YouTubeがきっかけです。

当時アメリカ大統領選をやっておりYouTubeでさまざまな番組を興味深く見ていました。その一つが中野先生のYouTubeチャンネルだったのです。わかりやすく、テレビとは違った視点で、とても興味深い内容でした。

ジャーナリスト中野博が語る番組は他にも色々あり、学びのある内容に楽しく見ていました。そんな中、ご自身の経験をもとに「YouTubeをこれから始めたい人へ！」と講座のお知らせがあったのです。YouTubeで稼げるようになる？　やってみたいけど仕組みもわからないし、知り合いは皆続いていないし・・・。

でも、**私の夢の実現や将来を考えるとやってみる価値はあるのではないか?**とかなり悩みました。私は北海道札幌市で「ふとんのヨネタ」という寝具小売店をしています。小さなお店ですが地元だけでなくネット通販等でも布団や枕など寝具を販売して何とか頑張っています。

余裕は一切ないのですが思い描く夢として(あくまで遠い夢ですが…)寝具を販売するお店だけでなく、まるで農家のような土地のある家をお店にして、来店者に北海道らしい体験をしてもらいたいと思っています。

例えば、農業体験や雪の体験、地元の商店仲間のお店を利用体験してもらう(外国人の方が日本で髪を切る、自転車でスーパーに買い物に行く等)、民泊的な形で私のお店で宿泊(もちろん良い寝具を体験してもらう)をしてもらう。

更には地元民おすすめの美味しいお店や観光地案内など。元々旅行業務の専門学校に行っていたのもあり、そのような観光も兼ねた楽しみのある寝具店が夢でもあります。

YouTubeのやり方を教えてもらい、地元の魅力を発信したり、寝具の事を**発信したりするのはその夢への一歩となるのではないか？**　そしてYouTubeで広告収入？よくわからないけど少しでも稼げたら、将来的にどうなるかわからない商売への足しになるかも？

そんな思いがあり、「YouTuber育成講座1期生」というセミナー（毎月1回東京へ・全6回）私にとっては費用も大変でしたが受講することに決めました。半信半疑でしたが、とにかく愚直にやるしかない！そんな思いだったのを覚えています。

講座はオンラインでも受講できましたが、なるべく東京へ足を運びました。北海道からですから飛行機代もホテル代もそして時間もかかります。でも、会場参加で直接話を聞くとよりわかるし、相談等もできます。終わったあとも先生を囲んでの懇親会でセミナーでは聞けない話を聞けたり、話を聞いてもらったりが良かったです。

また中野先生ってパワーがあります。日曜日でもまったく休んでいる感じがなく当たり前に働く姿が私もやらねば！という気にさせてくれました。YouTube講座の方も「エッ！そんなやり方でいいの？」と思う事もありましたが、仮に自分一人でYouTubeを始めたとしたら間違いなく1～2カ月位は頑張りその後パタッとやらなくなっていたと思います。

YouTubeって成功している人、チャンネル登録の多い人もたくさんいますが、実はそれらの人はほんの数％で実際にはほとんどの人がうまくいっていないそうです。もちろん趣味でぼちぼちやっている人はそれでいいのですが、**私の場合は将来につなげたい、仕事につなげたいという意思があって**やっていますから結果も出さなければいけません。

動画をアップしたのに全然見られない、あんなに時間をかけたのに、場合によっては変な腹立つコメントもらったり・・・。今日は登録数が１人減った等、一喜一憂しながら苦しい事の方が多いかもしれません。

そのような中、中野先生に成功する（ここでは一応登録者１千人による収益化まで）までサポートもしてもらい、また講座で出会った仲間とも励まし合い、収益化の条件となるチャンネル登録１千人、１年間の総再生時間４千時間を１年５カ月かかりましたが達成できました。その後は４か月後に２千人、更に3か月後（現在）に3千人と着実に成長してきております。

チャンネル登録数が全てではありませんが、より多くの方に北海道の魅力・寝具や眠りの事を伝える基盤やチャンスは広がってきております。もちろん**夢の実現にもわずかながら前進**。

中野先生がよく言われていた言葉があります。

「動画を発信して、この動画は1千人や1万人に見られた、時には100人しか見られなかった。こんな時に『たった100人しか』と思わない事。

普段より見られない場合はなぜ?と考え、改善していかなければいけないが、100人もの人が見てくれているのだよ！　講演で100人の前で自分の想いや伝えたい事を語る事でもすごくない?ましてや1千人の前で語った事ある？

自分の動画を見てくれて、役にたったと思ってくれる人、楽しんでくれる人、共感してくれる人、感動してくれる人、このような方達が動画の向こうにいることを考えて日々動画をつくりましょう！」

時々忘れがちになりますが、この事を胸に今後も頑張っていきます。もしよかったら、一度私の動画をご覧いただきチャンネル登録もよろしくお願い致します。と宣伝も（笑）

以上が中野先生との出会いと実現した内容です。感謝！ありがとうございました。

・YouTube ヨネチャンネル北海道
https://youtube.com/@yonechannel-hokkaido
・YouTube 米田創の快眠チャンネル
https://youtube.com/@hajimeyoneta

米田創さんの「ここがすごい」

未来を変えるためにYouTubeで発信する手段を選択した札幌在住の経営者のヨネちゃんは、夢を叶えるために、常に改善と工夫をし続けてきた努力の達人。

加藤幸枝

美容サロン経営

中野塾長を知ったのは、コロナになってすぐの YouTube 番組でした。たまたま見た YouTube が塾長の番組でした。

確か内容は、『庚子年の湖の七赤…１８０年に一度の年　一時代が終わり一時代が始まる年…』といったもの。「何が始まるのだろう?」と今まで住んでいたアメリカを後にして日本に帰って来たら、翌年の２月にコロナでした。それが塾長との出会いです。

「たまたまにしては凄い！　当たっている」と思い、無意識のうちにチャンネル登録してました。

そもそも私がYouTubeを始めたきっかけは、コロナ禍…日本中、世界中が撃沈の中、ドアール（私の経営する美容院）にご来店された農家のお客さまが、レストランなどの契約農家で日本中の飲食店が閉鎖して、『せっかく有機栽培で作った野菜やけど店が閉まっとーけん捨てないかん』とおっしゃったことです。

その時「**もし、私がインフルエンサーだったら少しでも困った人を助ける事ができる！**」と思って始めたのがYouTube。そこで何を発信しようと思っていたところ…ふと横を見れば当時87歳で朝からプールに行く元気な母。母は戦争の経験者。母が炊事をするとゴミも出ない、全て畑の堆肥になる。これはすごい。少しでも後世に伝えるものを発信しようと思ったのです。

そして、**お婆ちゃんの元気を見ていただき世の中も明るく元気になってもらおうと思い発信しだしたのがYouTubeの始まり**です。その頃、たまたま美容業界の師匠である中尾先生から動画の撮り方、編集など技術的なことを習っていたのでドンピシャだったのです。

そして3年前の春、中野先生が経営されている未来生活研究所ではYouTuber育成講座の一期生の募集がありました。目にしていたものの、忙しくすっかり忘れていた私。既に始まっていましたが、たまたま見た塾長のYouTubeで『あと募集は数名？1名？ 入れるかも』と言っていたので**これは私に言ってるんだとの勘違いから**始まり、一か月遅れての参加となりました。

講義では塾長が経験された事を教えてくださるのでとても分かりやすく、**素直に実行すると、YouTubeが生活のルーティーンになりました**。すると、最初は嫌がっていたお婆ちゃんも次第に撮られる事に慣れたようで、今のお婆ちゃんは以前より元気が増しているような気がします。きっと、アイドルが綺麗になっていくのと同じ感じなのでしょうね。**YouTuber育成一期生は勘**

違い？（笑）から入ったのかもしれませんが、おかげさまでコミュニティも出来、今でもお互いアドバイス出来る仲間が出来ました。

言われていたことをコツコツと積み上げ（実行）する事により何処かで誰かが見てくれているのか？　はたまたAI（YouTube自体）が都合よく人目に付くように上がっていたのか。**地元TV局からオファーがありました。**元気なお婆ちゃんを是非取材したい！もっと広くの方に知ってもらいましょうとおっしゃっていただきました。

おかげさまでTV放送後は大反響でした。

教わった事を素直に受け入れ、自ら直感で行動し、そして誰かの為になる事を考えていると、何かが動き出すと実感。そして、87歳だったお婆ちゃんは今は既に90歳に。YouTubeでは「お婆ちゃんの知恵袋」と題してます。

昭和一桁生まれの戦争を経験したお婆ちゃん。生き地引のおばあちゃん。その知恵を平成生まれ、令和生まれの人に**知っていただきたいという思いで発信してます。必要なものを引き寄せてもらえてる気がしています。**

・YouTube　あっこ婆ちゃんとゆきえさんの昭和の知恵袋
https://www.youtube.com/channel/UCE909yJ1wYITbhx_Q9FBGIQ
・YouTube　ドアールゆきえチャンネル
https://www.youtube.com/channel/UCvyGczUZhwDYUFA5kmA4bw

加藤幸枝さんの「ここがすごい！」

おばあちゃんの知恵を現代、そして未来に伝えるためにユキエちゃんは自ら立ち上がりYouTubeに挑戦して見事に夢を叶えるだけでなく、実の母を人気者にまでして、多くの女性たちに希望を与えている。

叶理恵（かのうりえ）

自分らしく働くライフミッション起業提唱者

女性に新しい働き方を教えているライフミッション®起業提唱者。
元々は、会社員で35歳の時に独立起業しました。男性の経営コンサルタントの友人からは「**理恵ちゃん、女性の起業支援なんて儲からないから、やめておいた方がいい**」**とアドバイスを受けて、**市場がないときから、個人事業主や会社員・主婦の方を対象に、女性が家庭と仕事を両立しながら幸せに起業できる方法や経営を分かりやすく学べる「**幸せ女性起業家大学**」を主宰しております。

「何がやりたいかわからない」起業家予備軍の方に対しては一般社団法人ライフミッションコーチ®協会という協会で、使命を見つける協会も運営しております。

現在は、起業して13年目、会社を経営して11期目、年商1億円の売上です（2023年現在）。このような夢を実現しているのを聞くと、順風満帆と思われがちですが、うちの父は会社員で、母は専業主婦の家族で育ち「女の子は、働かず家事や子育てをしているもの」という古い価値観の両親のもとで育てられました。

だから、起業なんて考えたこともありませんでした。人生の転機は26歳に訪れます。26歳の時大人になってから水ぼうそうになって身体中にぶつぶつができて死にかけます。自宅には中国人窃盗団に泥棒に入られて20万円の現金を盗まれました。

そして、中学校時代の幼馴染と人生最大の喧嘩別れを経験しました。**「なんで、こんなことが起きるんや！」と人生の三大苦が起きたことをきっかけに、「なぜ、運のいい人・運の悪い人がいるんだろう」という問いが立って、運気について調べることがライフワークになったのです。**

運気アップの秘訣について調べて、片っ端から行動し、「はたして、私は運が良くなるのか」ということを人体実験をし続けています。26歳から48歳の約23年間運気アップを実践して続けています。そこで分かったことが３つあります。

1．自分の個性に沿って生きる

日本一の手相家西谷康人先生に32歳の時に手相を鑑定してもらいました。「君は、経営者の手相だ。経営者が一番向いている。35歳の時に独立起業する」とアドバイスを受けて、35歳の時に起業しました。**起業を志していたわけではなかったのに、この人生の流れはとても不思議です。**

個性學という生年月日からその人の個性を鑑定する認定資格を持っています。私は夢を語るのが得意な夢想型という個性があることがわかりました。

ライフミッションコーチ協会では、ヴィジョンを語って皆んなを鼓舞しています。中野先生の**ナインコード**®では、私は「山の八白」。イノベーションの旗手として能力がある組織を創る力がある・精神性を重んじると教わりました。

一般社団法人ライフミッションコーチ協会という自分の使命から起業する方法について教えており、組織運営のリーダーとして協会の認定講師は全国に450名を育成しております。

つまり、個性を鑑定する方法は、古今東西たくさんのツールがあると思いますので、その手法は何でも良いのですが、**生まれ持った才能を活かして開花させる。向いていないことはしない**。才能を開花させて働いている結果、年商1億円の会社の経営者になりました。

2. 時を読む・方位学を活用する

中野先生の「**時読み講座®**」に参加させていただき、今年はどんな年？ ということを読み違えないようにしています。

今年全体の流れや、八白は今年どういう動きをしたらいいのか？ということを毎年年末に学ばせていただいております。それによって、冬の時代には無理して動かず、種を蒔く時期には種を蒔いて結果を焦らず待てるようになりました。

先日、大阪から東京に引っ越してきたのですが、今年の八白は東北・東の方角が良い方角なのです。吉方位の東京に引っ越しを決めました。滞っていたのが流れ出す運気でした。

新幹線を降りた途端に、中野先生から「ニコニコ生放送に出演しない？」とメッセージを頂いたのですが、早速、**吉方位の効果があり運を引き寄せているると思いました。**

しかも、中野先生から結婚のご祝儀を頂きました。方位学は、足りない運気を携帯電話の充電のように充電する効果がありますので、旅行に行く時にも、よい方角の時に旅行をするようにしています。

3．ライフミッション®を生きる

運気アップの本を沢山読み漁った結果、一つの結論に辿り着きました。それは自分が生まれてきた使命というのを人は誰しも持っているということです。私はそれをライフミッション®と呼んでいます。

生まれてくる前に神様と約束しているそうです。内面ホリホリして、いい意味で人生を観念してライフミッション®に沿った生き方をしていると、夢が叶いやすく運を引き寄せています。

ライフミッションと方位学の結果、プライベートでは、年下のイケメン経営者と結婚し、44歳で高齢出産し、旦那さんとのパートナーシップは良好です。**ライフミッションを生きていることと、方位学を実践すると、天が応援して良いパートナーが見つかるのです。**以上が私の体験からの夢とお金を引き寄せた経験でした。

中野先生は、とてもエネルギッシュで、夢とお金を引き寄せている成功者です。成功者の近くにいるのも夢を叶いやすくする一つの秘訣ですので追加させていただきます。中野先生、このような機会をシェアする機会をいただきとても感謝しております。

・オフィシャルブログ
https://haplanet.com/
・インスタグラム
https://www.instagram.com/kanourie/

〈書籍〉『うまくいく女性起業家だけが知っていること』鴨ブックス

叶理恵さんの「ここがすごい！」

夢を叶える！　だから理恵ちゃんは叶なの？　最初に聞いた質問だったが、理恵ちゃんは今回の事例の中で、中野とやっていることが一番近くて、多くの生徒さんたちにライフミッションなどを指導するリーダー。彼女は運と縁の研究にも熱心で、夢を確実に叶える能力はピカイチ。

髙橋将弘（まさひろ）

介護事業経営

『俺の人生は底辺を歩むような人生なんだ』。20歳を過ぎた私は、そんな考えを持っていました。

小学校６年間皆勤賞、中学校では柔道地域チャンピオン、高校も地元の進学校へ入学し順風満帆に子供時代を生きてきました。自分の思い描いていた、明るく、楽しい自由な高校生活に夢と希望を持っていたのですが、それとは裏腹に、大学進学へ向かって猛勉強する仲間たちの勉強に対する熱意の現実を目の当たりにし、**自分の理想と現実の大きな温度差を感じ、私は夢を諦めてしまったんです。**

そこから、**私の人生は転落人生を歩み始めます。**

高校は5年間かけて、卒業。2度の離婚。10代にして500万円以上の借金をして自己破産。挙句の果てには、人様に迷惑を掛けて、社会生活を送ることさえできない期間もありました。

そんな私が、今は年商2億を目指す介護福祉事業を経営する会社のトップになれたのは、人生を変える人と出逢いがきっかけでした。

自分より先にいき、**成功している方は、夢を叶えることを『学び』夢を叶える為の『お金』の使い方を知っていたんです。**衝撃的でした。夢を叶える為に、真剣に学ぶ人がいたり、お金を増やす使い方があることを、私は全く知らなかったんです。というよりも、知る機会がなかったんです。

そういった、人生で成功するための秘訣を教えてくれたのが、中野博さんでした。中野さんとの出会いは私の人生を一変させる出来事でした。

中野さんとの出会いは、２０２０年11月YouTube講演家　鴨頭嘉人さんが大阪で開講していたビジネスYouTuberの学校でした。ビジネスYoutuberの学校は、当時、東京校と大阪校の2拠点で開講されていました。私が住む群馬県からは、東京校の方が移動は近かったのですが、早く学びたい一心で大阪校へ通う決心をしたんです。**群馬から大阪へ通うことは私にとってはかなりの一大決心だった**のですが、学校が始まると、なんとアメリカから来られている方がいらっしゃったんです。

そんな人がいるのか!?　あまりにも衝撃的過ぎて、今でもはっきりと記憶に残っております。

その方が、実は中野さんでした。なんなんだ。この行動力は！さらに驚いたのは、参加エリアだけではありません。YouTuber の学校の中でも、動画の取り組みやチャンネル登録者の伸びなどをランキング発表していくのですが、学んだことを即実践し、そして、ずば抜けたチャンネル登録者でダントツのクラスＭＶＰに輝く中野さんは、圧倒的存在感でした。

当時の私の YouTube 登録者が１４０人程度だったのですが、中野さんは15万人を超える勢いだったと記憶しております。その迫力は、YouTube 登録者１００万人を超える学長の鴨頭嘉人さんもクラス全員の前で、中野さんを凄い！と認めるほどでした。

そんな、中野さんと一緒に学べただけでも嬉しかったのですが、一緒に食事をしているとき感じた中野さんのジャーナリストとしての情報量の多さや、思考力、行動力、発信力にただ、ただ圧倒されていました。

「自分はまだまだ未熟だ！もっと、中野さんのように学んで行動して、夢とお金をつかむぞ」と思っている私に、「まちゃぴろ応援しているよ」と、中野さんは温かい声をかけてくれたんです。

中野さんが視聴者さんのこと考え、どんな情報を、どんな工夫をして発信しているのか、中野さんのYouTubeを見て**必死に研究しました。それから私は日々、愚直に勉強し、毎日、毎日、情報の発信を行い続けました。**

コロナ禍においては実業の介護福祉事業でもクラスターが起きたり、新規事業の展開の話が頓挫したり困難や苦難がありましたが、**自分の夢を叶える為に発信だけは辞めなかったんです。**

そして、**その結果、念願叶って２０２３年３月に「発信力経営」というビジネス書を幻冬舎から出版、２０２３年４月にはYouTubeチャンネル１万人**

を達成！

２０２３年８月には実業の介護施設も二棟目がＯＰＥＮ予定と売り上げの規模が２倍になる挑戦をしているところです。**新たな夢の実現のために、さらにお金を稼ごうと思ってます。**

自分の人生は底辺だなんて思いこむのではなく、未来は自分で切り開くものなんだって、色々な経験を通じて分かりました。今はそんな毎日が幸せです。

まだまだ、成長途中ではありますが、今の自分があるのは、先を行く成功者との出逢いがあったからです。そして、気づいたんです。何を、何処で、誰から学ぶのかということが大切だということに。

こういった人生で成功するための秘訣を教えてくれた、中野さんに感謝を込めて、これからも学び、発信を続けていきたいと思います。

・YouTube「kouki 介護福祉発信プロジェクト」
https://www.youtube.com/@machapiro
・ホームページ
https://www.kou-ki.com/
〈書籍〉『＃発信力経営』幻冬舎

髙橋将弘さんの「ここがすごい！」

まちゃぴろと言うニックネームでカワイイけど、芯がしっかりした経営者で、発信力を鍛え続けて事業繁栄をさせ続けている。夢を形に変えて金を動かしている若手リーダー。

波時恵（はじめ）

武学武術家、瞬時腰痛回復師、メンタルアジャストカウンセラー、自律神経調律師家

僕と中野先生との出会いは２０２０年４月27日。先生がYouTubeをはじめられて登録者が１万人を越えた時です。

僕の弟は当時海外で仕事をしていまして、ちょうどそのときに僕も数個のコミュニティを立ち上げ始めた時で、中野先生の帝王学の本の無料プレゼント企画に参加しました。

その後、中野先生の講座を次々と受講させていただき、中野先生から「時」と引力、磁気波動、さらには帝王学のエッセンスなども貪欲に学び、運気も

あげてきました。

先生のナインコード®で自分は七赤ですが、それを意識して毎日誠実に真心を持ち過ごしていると引き寄せや運がどんどん引き寄せられてきます。

僕は様々な分野の方々と個人的にも繋がりができて、50代後半になりますが今が人生で一番健康で毎日が楽しく、何でこんなに幸せなんだろうと思えている生活を積み重ねさせていただいています。

引き寄せでよりつながっていった方々を一人一人紹介させていただきます。

1人目は元酔拳2年連続世界チャンピオン、レノンリー先生です。6400年前から皇帝や軍師などに極秘で継承されてきた進化してきた帝王学武学の継承者です。

4人の世界チャンピオン、13人の日本チャンピオンを輩出。プロレスで有名な覆面レスラー　アンディ・ウー選手もお弟子さんです。あらゆる武術が出来てギャグ連発で面白く、人格、人徳、人望のある師匠です。

生き方の志、あり方の禮法、そして行動の3点を重要視して自分の身体にまだ眠っている無限の可能性、叡智を引き出す対人稽古を日々行っています。

僕自身もしっかり志を出し、志体術コンサルタントを取得、またブルース・リーが師匠のイップマンから学ばれた詠春拳や少林寺の源流洪家体術南拳他様々な套路も身につきました。功夫を積んでいく中にメンタルの安定、胆力が凄くつきました。

なのでこの数年のコロナ禍で恐怖とかほとんど感ぜずに過ごして、逆にコロナ禍の方が元気に活力的に動くことが出来ました。

　また格闘技関係でアントニオ猪木さんを慕い、慕われていた元ＵＷＦ宮戸優光先生のスネークピットジャパンに入会させていただき、ロシア武術システマや太極拳、合気道他格闘技を学ばせていただき、自ら身体、精神の安定が格段に上がりました。

　宮戸先生とも凄く仲良くさせていただいています。一緒にいて心地よく話させていただける人格、人望、人徳者です。

　僕は武術系だけでなくスピリチアル系でも様々な方々とやりとりさせていただいています。ユーチューブの17万登録者桜庭露樹さんのチャンネルで大人気のRAY能者の田中小梅先生と仲良くさせていただいています。

　先生には自分のアメブロの名前「波時恵はじめ」を命名していただきました。また先生のおかげでその方の波動を感じて描く波動絵を書けるようになりました。先生のありのままの自分を表し開花していくあり方の素晴らしさとアドバイスに心地よさを感じています。

そして不食の弁護士でスピリチュアル関係でも本を出されている秋山佳胤先生とは毎日やり取りさせていただいていますが、最初は祝詞のカタカムナに興味があり、先生が神聖幾何学とカタカムナの共著になっていたところから不思議な流れで会わせていただく流れが出来ました。

毎日言葉では表現しづらい物凄い愛の波動を受け取らせていただいています。

また、耳の神門メソッドを開発した飯島敬一先生ともつながり門下生として自立神経調律師としても活躍する機会もいただき、人の引き寄せのチカラにもならせていただいています。

表参道でピプノセラピー、エンジェルナンバー創始者ドリーンバーチュー直伝のオラクルカードをお伝えしているFor Inner Beauty 代表美羽桃（Haruka）さんとは、僕のコミュニティの方々を含めて個人的にも仲良くしていただいています。的確なアドバイスをもらい、自分自身もよりオラクルカードを深めさせていただくきっかけをいただきました。

１１１１から９９９９までの４つ並ぶエンジェルナンバーの車を毎日頻繁に見たりしていて楽しんでいます。

僕は今、アメブロでメンタルアジャストカウンセラー「波時恵はじめ」として２０２２年４月からはじめて一年経ちましたが、１２５０投稿フォロワーが１００名を超えました。ここまで出来るようになった背景には、中野先生がユーチューブの番組において誰にも負けない配信数があったからでした。

先生がいなければここまでやろうとしなかったと思います。ただただ先生に感謝です。中野先生から学ばせていただいた帝王学やナインコード®を含め、今僕は少数精鋭の無限純粋最光フォトン魂グループを作らせていただき、11のコミュニティグループをやっています。

これも、中野先生が僕のナインコード®を知って「湖の七赤だからコミュニティを創りなさい！」という教えをいただいたおかげです。

1. 禮法や志を深めるグループ
2. オリジナルメンタルメソッドを深め活用するグループ
3. ナインコードを深めるグループ
4. 能力開発　速聴
5. 様々な電子書籍を深めるグループ
6. 帝王学を深めるグループ
7. 斉藤一人さんを深めるグループ
8. 健康を深めるグループ　整体、ケイ素他

9. 祝詞を深め活用するグループ　カタカムナ　アワ歌　ひふみ祝詞他
10. 武学武術を深めるグループ
11. 様々な名言を深め活用するグループ

以上のことを毎日欠かさずにさせていただけている幸せを感じています。

様々書かせていただきましたが、凄い時と引力と磁気波動なくしてこうした現象は考えられないです。**僕は無限に宇宙一運がいいです。**この言葉は僕のメンタルメソッドの一つです。良ければお使い下さいね。

・アメブロ
https://ameblo.jp/hazzie2619

波時恵さんの「ここがすごい！」

ペンネームだが、数年後にはキラキラ輝くスター間違いなし！　なぜなら、この方は夢を叶える能力があり、何人もの師匠に師事をし、実践力が優れているからだ！

乳井（にゅうい）　遼（りょう）

未来生活研究所ビジネス書編集長

「**君の文章には輝きがある！ぜひ、うちで働かないか？**」そう、当時フリーターで行き場のない僕に声をかけてくれたのが、中野塾長でした。

遡ること8年前。２０１５年、新聞記者を勢いで辞めて、何のあてもなく、ボストンバック一個背負って上京。（今思えば、本当に無茶でしたが）上京して1週間後、はじめて出会ったのが「中野博」という人でした。

当時、職がなかった僕は、「せめて勉強している姿勢だけでもあったほうがいいよな・・・」なんて、少し不純な動機もあって、知り合いから、「リーダー学を学びたいなら、面白い講座があるよ」と紹介され、何もわからずに帝王学を学びに行きました。

そして、そこで、出会った中野博。今では、中野社長と呼んで、社員という立場になりましたが、当時、その出会いは衝撃でした。

なぜか？　それは、新聞記者を勢いで辞めたことを、褒めてくれた人ははじめてだったからです。（実は、新聞記者の前は銀行員で、それも一年で辞めている。笑）

周りは、新聞記者を勢いでわずか一年３カ月で辞めたことに対して、かなり否定的でした。

「安定した会社を辞めるなんて、、」

「またやめたのか?忍耐力ないね」

そんな言葉ばかりを浴びせられていた僕でしたので、**「おお、それは新しいチャレンジだね。素晴らしい!もっと楽しい世界があるよ!」と言ってくれたことが、あまりに衝撃的で嬉しかったのです。**

そこから中野塾長が気になって気になって仕方なくなった僕は、帝王学講座に毎月参加することに。お金がなかったので、お手伝いをすることを条件に無料で受講させてもらいました。

そして、勉強会後の懇親会も、よく奢ってもらい、その都度、**中野塾長から「夢」の話を聞いて、僕もこんなふうに「夢を語れる人」になれたらな思っていました。**

一年後の２０１６年１月、中野塾長から一通のメールが届きました。開いてびっくり！「乳井くん、３月からうちで働かないか?力を貸してほしい」

もう、嬉しさと驚きで、その日は興奮していたのを今でも思い出します。

そこから、僕には途轍もない引力が働きます。

勤めて一年半で、アメリカ、タイ、フランス、インドネシア、インド、５か国に連れて行ってもらい、たくさんの経験と人脈を築かせてくれました。

中野塾長は、「いつも夢を持て、夢を持て」と言いますが、やりたいことや

実現したいことを少しづつでも具現化していくことで、人とのご縁もお金もやってくる。これを僕に伝えたかったのでしょう。

今では、社員歴8年目に入りました。「中野塾長と一緒に歩んでいけば、最高に面白い世界が見られる」今でもそう思って、日々を過ごしています。

中野塾長から勧められたやったYouTube。新しい自分の側面を発見できましたし、表現する楽しさが分かりました。

今では、単独での「文章講座」も任せてもらえ、少しづつ中野に近づけているかな?と勝手に思っています。笑

あの時、新聞記者を辞めたことを肯定してもらえてなかったら、言葉で元気づけられてなかったら、、こうして中野塾長と社長と部下という関係で行動していなかったかもしれません。

中野は、「人の良いところを見つけ、伸ばす」天才です。結局、人は自分の良さを理解して、そこを楽しく伸ばしていかない限り、本当に良い縁も金も入ってきません。

今回は、本書の担当編集として、本書（夢の金も引力）を誰より先に読ませてもらいました。**夢と金は引力によって、生まれる。**そして、大きくなる。この力は絶大で、幸せを呼び込む究極の装置だと確信しています。

一人でも多くの人に、この本を読んでほしい。そして、引力を身につけてほしい。一編集者として、そう願っております。

乳井 遼さんの「ここがすごい！」

私の弟子であり信頼する右腕としての部下にもなったリョウには期待しかない！　一番、中野の夢と金を実現して動かしている姿勢を見ているからだ！

・YouTube りょう社長
https://www.youtube.com/@user-xz9yf4vg7c

・大人の文章講座（単発講座）
https://miraia.co.jp/page-5670/

・大人の文章講座（連続講座）
https://miraia.co.jp/page-5713/

おわりに

本書を最後まで読んでくれてありがとう。

「夢と金」。それはどっちが欠けてもダメなもので、あなたの心がけ次第で、その両方が手に入ることを知ってもらえたと思う。

私は、「夢がある人間」が好きだ。がむしゃらに夢を追いかける人が大好きだ。だって、夢を持っている人間はいつだってキラキラしているから。明るく楽しく人生を歩んでいる姿を見ると、こっちまでワクワクしてくる。

あなたの周りにも、きっと1人ぐらいはそんな人間がいるだろう。そして、

「私もこうなりたい」と願う自分がいるはずだ。

ところが、人の夢を壊してしまう輩が世の中には存在する。本文でもちょこっと言ったが、ドリームキラーだ。ネガティブな言葉で人の夢を壊し、未来を奪う。この存在は意外と身近にいる。特に親や兄弟、友人が「あなたを心配して」という耳障りの良い枕詞をつけて、夢を壊しにくる。

あなたにも「夢」はあったはずだ。男の子なら、プロ野球選手になる、レーサーになる、パイロットになる。女の子なら、キャビンアテンダントになる、アイドルになる。一度はそんな未来を思い描いたはず。

しかし、知らないうちに夢を壊され、やりたくもない仕事を毎日ため息をつきながらやっている人も多い。人生は一度きり。それでいいのだろうか？最後に、本当に幸せだったと思える人生を歩めるだろうか？

私は夢を見る偉大さと楽しさを知っている。そして、そのワクワク感を全ての生ける人に味わってもらいたいと本気で思っている。

だからこそ今回、「夢と金」について、真剣に考える本を出した。

夢と金は「念（おも）う」ことからはじまる。そして、投資家としてのマインドを持つことで、どんどん具現化してくる。なぜなら、そこに【引力】が働くからだ。

あなたが引力を使いこなせるようになれば、夢と金は複合的に混じり合って、あなたのもとにやってくる。

もし、あなたが本気で叶えたい夢があるなら、私に教えてほしい。セミナーに来れば、必ず私に会える。そこで夢を語ってほしい。あなたの夢が大きくワクワクするものならば、私は喜んで、あなたの夢に乗ろう。そして、一緒に夢を叶えた世界を見にいこう。

その日が来るのを、心より楽しみにしている。

夢を叶える七福神・中野　博

― 中野博の夢実践物語 ―

『日本のメディチ家になる！』夢を実現するために３つのプロジェクトを 1997 年より開始。

1. 環境社会革命 (実業編)
2. 知的情報革命 (メディア編)
3. 未来生活革命 (夢ある人を支援)

メディチ家になるための３つの革命を進めるべく、具体的には３つの講座にて教育事業を 2003 年から実践している。

1. 中野塾 (帝王学でリーダーづくり)
2. 投資家育成講座 (投資家仲間)
3. 健康大学 (元気で長生き)

メディチ家になるための投資先は、次の３分野

1. 科学技術分野
2. 芸術音楽分野
3. スポーツ分野

メディチ家の仲間になるには、純資産 1 億円以上あり、かつ中野博と未来の夢が共有できること。

または、投資家倶楽部のメンバーに限定。

●投資家育成講座５期
https://miraia.co.jp/tousika05/

●投資家倶楽部（投資家育成講座の卒業生限定）
https://miraia.co.jp/tousikaclub/

●中野塾
https://miraia.co.jp/nakanojuku02/

●未来の風　～フロンティア～
https://miraia.co.jp/nakanojuku02/

【中野博プロフィール】

七福神（7月29日）愛知県生まれ
早稲田大学商学部卒業。
ノースウエスタン大学ケロッグ経営大学院ブランディングエグゼグティブコースを修める。
ハーバードビジネス経営大学院で経営学を学ぶ。

（株）デンソー（DENSO）にて社会人デビュー。その後、（株）フォーインにて自動車産業の調査研究員（株）住宅産業研究所にて調査研究員を務める。サラリーマン人生は7回転職で7年間

● 1992年、国連地球環境サミット（ブラジル）に公式参加し各国首脳に取材。環境ビジネスコンサル会社として1997年にエコライフ研究所設立。日本初の環境と経済を両立する事業構築提案を880社以上に行う。
● 2003年、未来予測學問『時読み®』と人間関係統計学『ナインコード®』を開発し、これらをベースとしての帝王學をリーダーたちに教えるとともに、企業の人材開発コンサルとして1,000社以上を指導。
● 2011年、帝王學を学ぶ「信和義塾大學校」を創設。国内45拠点に加え、アメリカ、カナダ、シンガポール、タイなど世界各地に教室を設け「時読み®学」「ナインコード®」などの帝王學を指導。
● 2021年、未来生活研究所を設立し「中野塾」を主宰しながら投資家倶楽部、時読み倶楽部、各種講座活動を開始。
●現在自らの経験を集大成した自己能力開発「引力の魔術」を提唱。次代を担う人材育成に邁進している。
●投資家として多くのアーティストを支援し続けてNFTアート美術館をネット上に構築（おそらく日本人としては最大のコレクターであり美術館運営者）

日本のメディチ家を作るために2022年「投資家倶楽部」を開校。ジャーナリストとして世界の人脈から得た最高峰の投資情報をもとに、100人の倶楽部生と共に投資家としての実践を行う。

チャンネル登録者 15 万人超え（2023 年 7 月集計）のユーチューバー。ニュースの裏側やジャーナリストとして業界の闇を暴くネタを毎日アップ。ニコニコ生放送にも毎月出演。YouTube で話せない業界の闇を追求中。

また、独自の情報発信プラットフォーム（未来の風〜フロンティア〜）も持ち、世界から仕入れた本当の情報を日々発信中。

37 冊の著者（7 冊が英語、中国語、台湾語、韓国語に翻訳されている)。「引力の魔術」(未来生活研究所)「こんなエコ商品が欲しい！」「エコブランディング」「グリーンオーシャン戦略」（東洋経済新報社）「あなたがきらめくエコ活」「家づくり教科書」「リフォームの教科書」（東京書籍）「強運を呼ぶナインコード占い」（ダイヤモンド社）「成功者はなぜ帝王學を学ぶのか？」「一流の人はなぜ、着物を着こなせるのか？」「人はなぜ、食べるのか？」「シックカー＠新車は化学物質で汚染されている」（現代書林）など 37 冊がある。

講演実績は 4,200 回超。メディア出演回数は 1,800 回を超える。

中野博の YouTube チャネル【中野博の知的革命 2027 年】
https://www.youtube.com/channel/UC-6DVb3QQK2_2oso0RqgNWA

中野博の YouTube チャネル【銀座 MBA 大学 (ビジネスとお金と投資を学べ)】
https://www.youtube.com/channel/UC38aEgQZHOqG7N72uhZ-4tA

中野博の YouTube チャネル【こども新党チャネル】
https://www.youtube.com/channel/UCyM8Vummzb6R445HtxHinYA

中野浩志のギリギリ崖っぷちトーク炸裂！【ニコニコ動画】
https://ch.nicovideo.jp/nakanohiroshi

中野博の【Instagram】
https://www.instagram.com/nakano_hiroshi59/

夢と金も「引力」

2023年7月29日　初版発行

著者　中野博

発行者　中野博
発行　未来生活研究所
東京都中央区銀座3-4-1　大倉別館5階
電話（出版部）048-783-5831

発売　株式会社三省堂書店／創英社
東京都千代田区神田神保町1-1
電話　03-3291-2295

印刷　デジプロ
東京都千代田区神田神保町2-2
電話　03-3511-3001

表紙デザイン　株式会社花咲堂企画・薗 奈津子
イラスト　水見美和子　水見泰三
編集担当　新田茂樹　乳井遼

ISBN978-4-910037-08-0